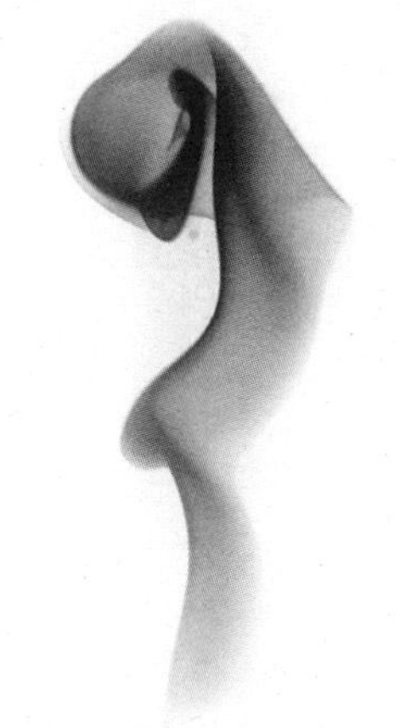

胡秀英、關麗珊、徐振邦 等著

我哋涼茶係正嘢
作者／胡秀英、關麗珊、徐振邦等
總編輯／黃幗坤
美術設計／莫永雄
攝影／莫永雄、史曉晴、羅詠恩
美術指導／劉碧雲
出版發行／突破出版社
香港沙田亞公角山路 33 號突破青年村
電話：2632 0000　傳真：2632 0388
電郵：breakthrough@breakthrough.org.hk
網址：http://www.breakthrough.org.hk
http://www.btproduct.com
承印／陽光印刷製本廠
2014 年 7 月初版 1 刷

The Reliable Chinese Herb Tea Is Worth Its Weight in Gold
by Hu Shiu Ying, Patsy Kwan, Chui Chun Pong et al.
First Printing, First Edition, July 2014

Printed in Hong Kong
ISBN 978-988-8246-32-8

內文紙贊助商：建華紙行有限公司，謹此致謝。

本書經文取自《新標點和合本》，版權為香港聖經公會所有，承蒙允准採用，特此鳴謝。

誠邀閣下就突破出版社的書籍發表意見

歡迎加入突破書籍 Facebook page — http://www.facebook.com/btbooks.page

本書採用環保油墨印刷

社會
文化

目錄

序　厚德載物

| 黃幗坤 |

我是廣東中山人，在澳門出世。生逢亂世，自幼體弱多病，頭暈身㷫是家常便飯。照理我合該與藥煲為伍，朝夕相對，因此也應對與中藥情同姊妹的涼茶並不陌生。事實剛好相反，不管中藥或者涼茶，都好像是忽然一陣涼風吹過荷花池，和我兩不相干。

關麗珊在〈港式涼茶庶民史〉一文中說：「人的體質會改變的，即使先天體質偏熱，經常飲涼茶都會變成體質偏寒。冷氣普及以後，香港人的體質也集體改變，新一代習慣在密封的冷氣環境生活，經常留在室內玩電腦，戶外活動大減，喜愛凍飲，令體質變得虛寒，容易生病和敏感、氣管敏感和食物敏感等，不少人已不適宜常飲涼茶。」終於明白我與涼茶無緣的真相 —— 無論先天或後天，我肯定是體質虛寒族。而且，據聞當年我吞一口飯也十分不容易，要灌我以一碗涼茶，更不可思議了。

到我知道涼茶和涼茶舖的存在時，已是讀初中時候。我家樓下

有一家的，平常不大注意。忽然，每到日落後，店面添了幾行凳，門角兩邊上了鉤，一塊花布擋住茶舖內的風景。門角下，透露着前後交叉、高高低低、款色不一樣的膠拖鞋，裏頭聲浪很大，卻不清楚。如果更晚一點路過，歌仔便很分明：「日抖猛做，到依家輕鬆下，食過晚飯，要休息返一陣……」

一碗涼茶、一部電視機、一家人、有工做有飯食。香港精神，原來很簡單、很容易滿足，一家涼茶舖看盡大千世界。膠拖與歡樂今宵，人一世，但求腳踏實地，我踩了蕉皮大家都識得笑。香港是嶺南的奇葩，而涼茶，更是奇葩中的奇葩。所以呢，涼茶很有骨氣，香港人也百折不撓，人窮志不短。徐振邦的一篇〈廿四味〉便有一個硬撼涼茶碰了一鼻子灰的故事。話說喜歡喝廿四味，試過日喝三大碗的徐振邦，一天在旺角經過一家涼茶舖，毫不考慮放下五元，要一碗廿四味，店員傲慢的說沒有廿四味，跟廿四味是老相識的他指着墨綠色的涼茶問：「這不是廿四味？」店員的回應竟然是：「這是廿八味」。喝完那碗自稱廿八味的廿四味，徐振邦決定以後都不「幫襯」，但當這家涼茶舖向四周的廿四味屈服，再不標榜自己比廿四味更甘更堅時，又輪到徐振邦悵然若失了。

其實呢，無論是王老吉定金葫蘆；無論是阿媽自家製的獨門苦茶，抑或地鐵連鎖店的樽裝消暑甜飲，都只不過在力證中國人的傳統智慧；這種智慧，與中國經典《易經》是一脈相承的。《易經》第一卦「乾卦．卦辭」有云：「天行健，君子以自強不息。」第二卦更清楚了。「坤卦．卦辭」：「厚德載物。」生命中一切豐盈都已經蘊藏在大自然裏，是上天厚賜的禮物，正等待謙恭努力的人自己去發現。

「厚生」（Abundant Life）。

其中一人就是上山下水，不辭勞苦，踏破鐵鞋尋冬青的胡秀英教授。〈芥菜種子一粒〉（節錄原載《金陵女兒》頁 88-97）一文中，胡教授自述：「抗戰期間，中國科學家的工作和生活條件極差。該標本館設在一棟『抗戰速成』的房子裏，竹壁瓦頂，室內像火爐，吸進鼻子的空氣是灼熱的。……我利用這部書裏的索引與描述，一一鑒定了植物所的全部冬青標本，作了 800 餘頁筆記，發現了 5 個新種……整個暑天，只有日本飛機來時發警報，大家都進防空洞。……在標本室，我用了兩塊手帕，一塊擦汗，一塊放在椅背上晾乾，如此調換，吃中飯前和晚上各洗一次。」

《我哋涼茶係正嘢》的出版，就是向像胡教授這樣的人致敬 —— 窮一生發掘大地的恩情，然後又窮一生像大地一樣向身邊的人施以恩情。近年有不少人說，香港變得很陌生，新香港人也沒有上一代的人情味！卻未盡然。徐振邦訪問一班中學生對涼茶的看

法。有人說傳統涼茶好，有人不抗拒摩登涼茶。知道世界要向前，而傳統價值又要守住。

如果涼茶可以按自己的步伐，靈巧地存活或再生。我們也應該相信自己一樣可以。

1 來一碗涼茶

- 要知道涼茶是不是正嘢，最簡單做法是實證法，先來一碗涼茶。
- 21 世紀全球倡議本土經濟，減少碳足迹，和保育創意文化。一項文化產業須要用新世紀的方式來驗證，涼茶，也必須以經濟、保育等元素來量度他「正嘢」的身分與人文精神。
- 徐振邦，對香港歷史和涼茶有情意結的中學老師，夥拍他的學生們，和同樣有香港文化底蘊的……從涼茶的承傳、轉生、札根出發，以致於涼茶舖的轉型和生活價值，作廣泛調查，得出的結論是……
- 最重要的，當然是今時今日的香港，涼茶還有沒有用家。

景龍物業

1.1 來一碗涼茶

由小到大，你和我都喝過不少涼茶，對涼茶不會感到陌生。

涼茶味甘，但許多人只在味蕾感覺到苦味，加上涼茶氣味濃烈，顏色又較深，總教人有一種難以接受的感覺。所以，每逢喝涼茶時，小朋友都會叫苦連天；然而，做母親的總是輕描淡寫的說一句：「苦口，良藥」。

喝着涼茶長大的廣東人，對於涼茶又愛又恨：愛它有藥療價值，而恨它的苦。人就是這樣，總是生在福中不知福。

2006年，國家宣布涼茶列為非物質文化遺產，對於這種榮譽，香港人似乎沒有太大的回應。畢竟，在大部分香港人的眼中，冠上了非物質文化遺產的名銜，涼茶還只是涼茶。

或許，涼茶是有變的，但變的，只是有商業頭腦的涼茶品牌商人，要藉着涼茶地位提升的時候，也順帶把涼茶的聲價提高了，於

是，涼茶逐步走向普及化、國際化。

經過重新包裝後的涼茶，還是我們熟悉的涼茶嗎？

要找出答案，其實很容易——現在就來一碗涼茶，慢慢細味一下吧！

1.2 我們的涼茶

香港有很多涼茶舖，幾乎是「梗有一間喺左近」。無論是街頭巷尾的個體戶，商場、鐵路站的連鎖式店舖，都很容易找到喝涼茶的地方。

如果說涼茶是香港人喜歡的飲品之一，我想，沒有人會持反對意見的。廿四味、菊花茶、火麻仁……，都是大部分人喜愛的涼茶。除了這些傳統的涼茶種類外，愈來愈多新款式的涼茶推出市場，似乎也頗受年輕人的歡迎。只要你走進超級市場或便利店，你就會發覺擺放涼茶的飲品，已佔了飲品數量的百分之二十了。

廣東人與涼茶

廣東有很多豐富的物產，其中以「廣東三寶」最為有名。

所謂「廣東三寶」，許多人都知道是「老薑、陳皮、禾桿草」；但亦有人認為是：「涼茶、燒鵝、荔枝」。

暫且不論是首三項是三寶，還是後三項是三寶，但可以肯定，「老薑、陳皮、禾桿草、涼茶、燒鵝、荔枝」都是廣東地區的著名物產。

要在這六種物產中揀選最受歡迎的，或許，涼茶仍是位列前茅。

理由很簡單，廣東地區氣候較潮濕，廣東人需要一些祛濕去熱的食物，以調理好身體，於是，各式各樣的涼茶便應運而生，漸漸，涼茶更成為廣東人的日常飲料。加上涼茶價廉且有益，無論是否富有人家，都可以隨時隨地喝到涼茶。

雖然我不敢説廣東人與涼茶有密不可分的關係，但可以肯定，大部分廣東人都是喝着涼茶長大的。

到了21世紀的香港，香港人喜歡喝涼茶的情況也沒有太大的改變。現代人工作忙碌，更需要涼茶調理身體，但又沒有時間親自「煲涼茶」，於是，只好到涼茶舖喝涼茶。有人説：「涼茶舖多過米舖」，或許，也不是誇張的説法。

非物質文化遺產

廣東省文化廳、香港特別行政區民政事務局、澳門特別行政區文化局同向中國國務院申請，想把涼茶列為國家級的文化遺產。結果，在 2006 年，涼茶正式榮升為第 518 項「國家級非物質文化遺產」，獲公約列出的條款所保護。截至 2007 年，中國文化部確認王老吉、健生堂、黃振龍等 19 個涼茶品牌共 62 個配方。這足以證明涼茶的文化貢獻是很大的。

被列為非物質文化遺產後，涼茶馬上起了很大的變化。

自此，涼茶由民間的飲料，躍身而成為「國家級飲品」，聲價也提升了不少。

成為非物質文化遺產後，涼茶的發展更是一日千里。

愈來愈多人喜歡喝涼茶，更視涼茶為保健的良方。而涼茶舖亦愈開愈多，莫說在大街小巷的舊式涼茶舖，就算在大型商場內，都有不少連鎖式的涼茶舖，就連鐵路網絡都有涼茶舖進駐。

據調查顯示，2006 年，廣東涼茶飲料銷售量突破 300 萬噸，銷售數字超越了國際大飲品商可口可樂在中國的總銷售量。到了 2007 年，廣東涼茶飲料銷售量已增加到 500 萬噸。一些老字號的涼茶品牌，更錄得高增長的銷售數字。

涼茶舖的數目不斷增加，反映出喜歡喝涼茶的人數也愈來愈多，而喝涼茶的人已不再局限於上了年紀的人，甚至有年輕化的趨

勢，明顯地，標榜涼茶是保健良方的手法，是成功的宣傳手法。

傳統涼茶 vs 新式涼茶

為了迎合大眾化的口味，也希望在年輕人市場上分一杯羹，傳統涼茶正在不斷尋求變化。

除了在涼茶舖仍喝到傳統的涼茶外，現在，連在超級市場和便利店，都可以買到樽裝的新式涼茶。

涼茶就是涼茶，根本沒有傳統與新式的分別。然而，除了名字是一樣之外，似乎在涼茶舖的涼茶與在便利店買到的涼茶，無論在外觀、味道、成分等，都有很大的分別。作為一種飲料，口味多元化本來是好事，但要將涼茶變成「新產品」，卻大大破壞了涼茶應有的味道。

打一個簡單的譬如：如果一個老人家喝一口新式的涼茶，或許，他們第一個的反應是：根本不是涼茶！

的而且確，涼茶在尋找變化的同時，在某程度上已起了變化；而這種變化，並不一定是正面的變化。喜歡傳統涼茶的人，也不一定會喜歡新式的涼茶。

有人認為，這就是涼茶在成為非物質文化遺產後，變得商品化，藉以打入國際市場。當然，如果只是把涼茶商品化，這點無疑是成功的，不過，這種只講求銷量，而忽略了質量的新式涼茶，似乎未必可以為涼茶文化奠定更好的基礎。

小結

自涼茶成為非物質文化遺產後，涼茶文化的確有革命性的變化。

或許，有不少人不認同涼茶文化的轉變，認為只會令傳統的口味變了質；但無可否認，傳統涼茶的轉變，正可以為涼茶打入國際市場，讓更多外國人認識中國的涼茶。

不過，要喝一碗正宗的涼茶，就非要到傳統涼茶舖不可了。

永生祥
公
LAADA
鴻發
九龍
批發褲零售
CHINA SHINE

1.3 涼茶：國家級非物質文化遺產

粵港澳三地政府，建議將涼茶文化列入非物質文化遺產，經過多年的努力，終於在 2006 年爭取成功。

涼茶，終於獲得中國國務院列為 518 項「國家級非物質文化遺產」之一。

截至 2007 年，在這個非物質文化遺產之中，共有若干品牌被列為受保護之列，包括：

王老吉：廣州王老吉藥業股份有限公司、廣東加多寶飲料食品有限公司

上清飲：廣州香雪制藥股份有限公司

健生堂：廣當健生堂保健品有限公司

鄧老　：廣州養和醫藥科技有限公司、廣州養和堂鄧老涼茶有限公司

白雪山：廣州白雪山和記黃埔中藥有限公司

黃振龍：廣州黃振龍涼茶有限公司

徐其修：英德市權祥涼茶有限公司（佛山市徐其修涼茶有限公司）

春和堂：東莞市春和堂食品有限公司

金葫蘆：廣州金葫蘆涼茶有限公司

夏桑菊：廣州星羣（藥業）股份有限公司

潤心堂：廣州潤芯堂涼茶有限公司

沙溪　：廣東益和堂制藥有限公司、中山市嘉樂飲料有限公司

李氏　：李氏百草（珠海）有限公司

清心堂：廣州清心堂涼茶連鎖有限公司

杏林春：廣東杏林春涼茶有限公司

寶慶堂：深圳市寶慶堂食品飲料有限公司

老中醫：汕頭市積士佳食品有限公司

甘涼　：佛山市順德東方罐頭有限公司

鴻福堂：鴻福堂國際有限公司

上述的 19 個涼茶品牌中，共有 22 家涼茶企業，共涉及 62 個涼茶祕方及術語。

傳統涼茶成為非物質文化遺產的同時，傳統涼茶又被重新包裝，變成了現代人主要的解喝飲料之一。時下的年輕人對涼茶的轉變與發展，有什麼看法？

我們邀請了香港道教聯合會圓玄學院第一中學的學生，表達對涼茶的看法：

4E 王曉婷 涼茶得以承傳，體現了保護文化的目的，但重新包裝後的涼茶失去了傳統的韻味。轉變能方便了不少人，但沒有了坐在涼茶舖內，捧着茶，與人聊聊天的風味了。

4E 李淑儀 傳統涼茶成為非物質文化遺產，可以提升人們對涼茶的關注度；而重新包裝後的涼茶，既可吸引年輕人，又可方便人們携帶飲用，為商舖增加了經濟效益。

4F 程夢詩 重新包裝後的涼茶，為現代人提供了便利，隨手拿來的一罐飲料便可達到健康的目的。但從傳統涼茶的歷史發展道路看，重新包裝是扭轉了傳統涼茶的本質，也使人們逐漸淡忘傳統涼茶的韻味。

4F 陳怡玲	這種轉變使涼茶成為現代人主要的解渴飲料，證明涼茶已趨向普及，以及得到大眾的廣泛接受。我相信，涼茶會逐步走向國際化，讓其他地區的人可以嚐到涼茶的益處。
4F 張彩慧	我認為涼茶的轉變是與時並進、創新的表現。涼茶成為現代人解渴的飲料，也實現了文化普及的目的。
5F 張子健	涼茶的轉變可令涼茶文化得以承傳之餘，還可以讓更多人接受涼茶的口味。不過，轉變卻令涼茶原來的藥用性減低了，成為一般的解渴飲料而已。
5B 連嘉偉	商人為列入非物質文化遺產的涼茶重新定位，透過新穎的包裝設計，令傳統涼茶得以承傳，不輕易被社會淘汰。
5F 陳妹	涼茶商品化防止了傳統文化不會被淘汰，是涼茶的積極轉變而得到的生存方式，更成為其他傳統文化的借鑑，讓傳統文化得以流傳。
5F 曾立錦	重新包裝後的涼茶改變了傳統涼茶的味道，對傳統涼茶帶來了一定的衝擊，妨礙了傳統飲食文化的承傳。

和堂老店
廿四味涼茶

涼茶年輕化?!

｜侯碧珮｜何少峰｜林紀芝｜

｜侯碧珮｜

作為傳統的涼茶文化，面對市場競爭及時代轉變，如何得到保存並延續下去，是許多經營涼茶舖同業所面對的共同問題。這既是文化保存的問題，也是行業的維生問題。正因如此，近十年八載，不少涼茶舖開始對產品店舖進行改革，加入新的元素，以迎合市場及大眾。從文化發展上看，這或許是不得不轉變的趨勢。試問，連生存也成問題，何以談「文化保存」呢？

如上所述，改革似乎是大勢所趨，無論是老字號的還是新創辦的涼茶舖，都進行不同程度的革新。在涼茶產品方面，涼茶配方不少，但本身都以苦味為主，這足以令不少年輕顧客卻步；因此，涼茶舖便加入新口味，如火麻仁、菊花茶、雪梨茶等，又或調整涼茶苦味，使涼茶不再是苦口難入。甚至將之標榜定位成「健康產品」，以迎合現在的「健康文化」。而更重要的是，涼茶舖將產品入樽銷售，推出市場，使銷售點不再局限於店舖之內，而是擴展到超市便利店。對於少到涼茶舖的年輕人，或認為站在涼茶舖前喝大碗茶是老套行為，樽裝的設計或會改變他們的想法及習慣。「年輕化」或「現代化」讓涼茶產品更普及，亦賦予涼茶新的形象。

至於在門市銷售方面，涼茶舖也嘗試改變裝潢，以吸引顧客，不再十年如一。如一些門市不再用舊式桌椅，改換上新式的桌椅，又刻意調節燈光，以求營造舒適的消費環境。員工也換上年輕化的制服，並提供親切的服務，為品牌添上新的活力。此外，有某涼茶舖在鐵路沿線及人流較多的地方設立分店，以提供方便快捷的即時服務。在產品的多元化方面，又力求擺脫涼茶舖只售傳統涼茶及龜苓膏的單調貨品，逐一加入了甜品、湯水、糖水、小吃、季節性食品等，以針對不同年齡的消費羣。有些涼茶舖為了讓產品更為人注意，甚至請來名人作

代言人，進一步提高品牌的知名度。以上種種改變，都反映了涼茶舖為了適應時代，改善舊有形象，而作出不同嘗試與革新。

從傳統走向現代，不少傳統文化都要與時代磨合；而在磨合的過程中，難免會有捨棄、堅持、或改變。當然，部分涼茶舖仍會堅守其傳統做法，並以此作招徠，但更大程度的改變卻是顯見的。整個涼茶文化的內涵正不斷地更新。昔日涼茶是基層市民的廉價傳統藥方，涼茶舖也是三五成羣看電視聽唱片聽收音機的聚集地，現在涼茶則更大程度變成市民的解渴飲料、健康飲品，涼茶舖也變成營業門市、甜品舖、湯水加涼茶加小吃舖等。這些不同方面的轉變，長遠來說，是好是壞？仍以涼茶作為核心產品，堅持傳統作法的經營者人慨歎，涼茶本具藥效，但現在消費者不懂藥效，只求解渴，而新式涼茶企業者亦只求銷量，不求藥效。這種你情我願的轉變，對涼茶文化是好事嗎？那就不得而知了。

| 何少峰 |

跟年輕人提到「涼茶」，他們都會覺得「很苦、很難喝」，不過，現在不少人愛樽裝草本健康飲品，不就是由傳統涼茶衍生出來嗎？而隨着生活素質的提升，傳統涼茶竟也有復興之勢。

不少人從很多香港懷舊的書本、節目，甚至從父母或祖父母的口中，略知道「涼茶舖」的歷史。關於舊日的涼茶舖，最為人所熟悉的，應該是「涼茶、馬尾、飛機頭」這句俗語了。當時的年輕人，最愛到有點唱機和收音機的涼茶舖消遣，一杯涼茶、幾款小吃，點點歌，就可以和友好消磨一個下午。當時涼茶舖銷售的，都是具有清熱解毒療效的傳統涼茶，如廿四味、銀菊露、五花茶、火麻仁、崩大碗等，其中廿四味是味道甘苦，銀菊露和五花茶則較可口，火麻仁和崩大碗則味道特別。這些涼茶均是由店主每天新鮮製造，然後放在大型的盛器內，待顧客選購後才倒出奉客，顧客通常都在店內飲用涼茶，外帶是極少見的。

時代改變，娛樂場所增多了，加上電視、收音機的普及，

涼茶舖已不再是年輕人消遣的地方；而市面上的飲品又愈來愈多，樽裝汽水、紙包裝豆奶、各式果汁味道甜美可口，加上精美的包裝和強大的宣傳攻勢，頃刻間便攻陷了當時龐大的青少年市場，味道甘苦、不能隨時隨地購買飲用的涼茶自然給比下去了。這時候，涼茶商人自然要另闢生存的途徑。例如一家老字號的涼茶舖，頭腦靈活的店東把涼茶製成紙包和罐裝飲品，放在超級市場和便利店銷售，並在電視賣廣告，一時間牽起了話題；其他涼茶商人也仿傚這種銷售形式，而較小型的涼茶舖，也開始把涼茶入瓶銷售，讓顧客外賣。

近十年，人們追求健康飲食，服用中草藥是其中一項叫人們趨之若鶩的保健之道，涼茶因此而受到注目，於是，涼茶舖迎合潮流，在電視上賣廣告，同時研發新款的涼茶，也有些涼茶舖變身成為涼茶和甜品店，除了傳統涼茶外，亦以不同的美味甜品招徠，務求爭取不同年齡層的顧客。

亦有以生產汽水飲品為主的製造商加入涼茶生產的行列，而且業務比一般涼茶舖更大。他們研製傳統的涼茶開發成新式的草本健康飲品，除了在超市售賣外，亦在鐵路站開設專門店，一邊售賣涼茶，一邊售賣各式健康湯水、小食、甜品等，為涼茶業開展了另一個新的階段。

雖然涼茶業在數十年間出現過興衰，新式的涼茶或草本飲品層出不窮，不過傳統涼茶仍然深入民心，當人們感到熱氣時，第一時間就會想起「廿四味」，可見傳統並不輕易被取代，只是看時勢的造化而已。

| 林紀芝 |

提到涼茶，或許給人第一種感覺是老一輩的東西，不過，今時今日的涼茶，隨着時代而變遷，涼茶已變得一點也不老套。

以前西醫還未普及，市民為了節儉一點，就只會去中藥店「執藥」，或到涼茶舖喝碗感冒茶治病。

涼茶舖為了招徠更多的顧客，在店內加設舊式唱片機，以播放流行音樂為主。由於當時沒有電視娛樂，涼茶舖便成為了市民聚腳及男女約會的好地方，只需花一兩毫便能消閒地度過一天。

不過，現代人講求新穎和衞生，傳統涼茶舖的設計已失去了吸引力，而湯碗與玻璃的組合也逐漸被紙杯代替。而以往堅持只賣苦涼茶的店舖，為了迎合人們的需要，亦開始加賣甜涼茶，如火麻仁、菊花茶等，還有甜品和糖水。涼茶再不是上一輩的東西，而是現代男女老幼都需要的健康飲品。

隨着時代改變，市場上亦開始出現連鎖式的涼茶舖，不但在街道可見，就連鐵路及商場內也能尋找涼茶舖，為了配合年輕人和忙碌一族的需要，市面上出現紙包裝、樽裝、罐裝的涼茶，而且在涼茶內加入糖分，令年輕的一輩覺得更易入口。

如今的人，在便利店或超級市場都能購買涼茶，不少人為了健康也會放棄喝汽水而選擇涼茶。無可否認，樽裝涼茶的設計，令涼茶成為不少年輕人的新選擇。但説到涼茶的改變，新式的涼茶舖及器皿無疑是受人歡迎，但與傳統的涼茶比較，新式的涼茶在保健方面還是有點比不上傳統涼茶。今日所見的涼茶，無可否認是方便了，好喝了；但為了迎合年輕人不愛吃苦的需要，在涼茶中加入糖分，更於樽裝系列等加入防腐劑，令原來健康的涼茶變得有點兒失色，亦令涼茶失去了原來的意義。涼茶的年輕化，彷彿只配合年輕人的口味，例如涼茶會放於雪櫃冷藏，令年輕人有消暑解熱的感覺；但中醫卻認為，凍飲會傷脾胃，涼茶微暖飲用藥效是最好。如果涼茶只是為了迎合年輕人而改變，那麼涼茶的作用還在嗎？還是，傳統涼茶的惟一優勝之處，只是擁有上一代的集體回憶而已？

眼前的涼茶舖，看來的而且確變得新穎，變得容易接受，

但涼茶舖的改變，就連涼茶也隨之而變了質。都市人愛快、不吃苦，所以最傳統的也要變得方便，變得甜。當年輕人拿起那樽裝的，紙包裝的，或罐裝的涼茶，可曾想起它們最原來的模樣？是因為時代變遷，所以傳統也變得不傳統，而堅持的就只能接受被淘汰的命運？

這些涼茶的出現，是否因為年輕人不能吃苦？涼茶，好像還是苦的好。

1.4 廿四味

| 徐振邦 |

讀書時，我已愛上喝涼茶。

每次逛街時，我幾乎都會到涼茶舖買涼茶消暑，其中，廿四味是我首選的涼茶。就算在炎熱的夏天，我也不太喜歡到便利店買汽水，總是要找涼茶舖解渴。

一口氣喝完一碗廿四味，感覺到一股暖流由口腔直達胃部，頓時感到暑氣全消，是一件十分暢快的事（雖然廿四味沒有消暑的效果，但我早已把廿四味視為消暑解渴的良方）。

對於廿四味，我從不「揀擇」。

我沒有考究哪個品牌選用哪種藥材，總之統稱為廿四味就可以了。可能我沒有對品牌有所要求，所以，可以隨時隨地找到廿四味。

或許，我就是喜歡廿四味這種味甘的感覺。有時喝到較純較淡的廿四味，覺得味道不夠「甘」而滿足不到要求；有時喝到甘味較

濃的廿四味，才滿足到味蕾的快感。一碗又一碗的廿四味，感覺很不同。

我記得有一次到旺角逛街，在短短三小時內，到了三間不同的涼茶舖喝了三碗廿四味，感覺就像「廿四味飲家」一樣，到處找不同的美味飲品。那種像上了癮一樣的感覺，雖得到很大的快感，但卻有點病態。自此之後，我已沒有再這麼瘋狂過了，只是覺得身體需要廿四味作調息時，才偶爾會在一天內喝兩碗廿四味。畢竟，多喝廿四味也會有反效果，過猶不及，以免適得其反。

對於要求「口感」的我，不太理會是什麼品牌的廿四味，簡簡單單的一碗廿四味，已經為我帶來滿足感。只是有一次，令我有一

個不愉快的經歷 —— 那一次，我到了一間涼茶舖，放下五元後，就向店員要了一碗廿四味，豈料店員卻回應說：「沒有廿四味。」

「沒有廿四味？」

「是，我們沒有廿四味出售的。」

我指着一碗碗近墨黑色的涼茶說，「這不是廿四味嗎？」

「這不是廿四味。」

「……」我望着店員，也不知道作什麼反應時，那店員帶點囂張的口吻說：「我們是沒有廿四味的，只有廿八味！」

「廿八味？那我要一碗廿八味吧！」我感到有點啞口無言，只好應酬式的說着要一碗「廿八味」，以免又自討沒趣。

我拿起那碗「廿八味」呷了一口，心想：「這就是『廿八味』嗎？與『廿四味』有什麼分別？」

大概是我的味蕾只懂得簡單的分辨味甘的程度，除了覺得「廿八味」的確很「甘」外，也喝不出有什麼分別。不過，我沒有打算跟店員爭辯下去，生怕又遭到那種差勁的服務員的態度所折磨。

我喝完這碗「廿八味」後，抬頭望望店舖的招牌，我決定以後不會再光顧這間服務態度不好的涼茶舖。

過了一段日子，我又途經那裏，不期然地望着這間「廿八味」。我才發現，涼茶舖依舊，但名稱已改了。那裏的「廿八味」也沒有了，換來的，就是隨處可喝到的廿四味。我望着那碗廿四味，反而更懷念曾説過不再光顧的「廿八味」了。

1.5 苦盡……甘不來？

| 余詠思 |

人情：壓縮的苦滋味

聽說，他約了她來這兒告白千百回。只因這兒有她愛聽的收音機廣播劇，就這樣一杯又一杯的苦滋味拖延了許多日子，不知不覺花掉的一角幾毫兑換成相見的甜蜜時光。可是，吞吞吐吐之間沖積了比苦茶更難受的苦澀……

廣播劇完了，女孩就瀟灑地離開涼茶舖，沒有半點留戀。

他自編自導的黑白愛情故事把涼茶舖寫成是約會的地點，她徹頭徹尾把這兒看成是每天開場和落幕的消閒地方，男孩不過是陪她消磨時間的臨記。

「苦澀，慢慢向着心裏滲……」當時，大氣電波中仍未響起陳百強的聲音。

曾經，這兒坐落過一部娛樂大眾的收音機，那不是我所經歷的粵語片年代，卻由父母口述了這些50、60年代，在涼茶舖相戀失戀的陳年愛情故事。

苦茶，無法覆蓋心裏的痛苦……

收音機離它而去，連隨聽眾客人也散席。

躲進瓶中，重新包裝，它要脫胎換骨，試圖改寫命運。

近年，各式配方的涼茶，紛紛裝進索然無味的一體式膠瓶中。

這個都市，男男女女都莫名其妙的行色匆匆，他們沒有太多的空閒獃在傳統涼茶舖裏談情說愛，只有廿四小時營業的便利店，能提供不限時域的方便，容許他們隨時隨地打開冰箱，在欠缺「愛情」時，提取乾涸生命所需的滋潤補充。只可惜這所謂生津止渴的樽裝涼茶，不得不在狹小的貨架上面對各式各樣的競爭者。

打開全年無休的冰箱，一陣急凍的風撲過來，才驚覺：太多的選擇，不習慣的珍惜。

現代人不重視標榜藥用功效的「健康」，只需要即興完成「解渴」任務。涼茶，排了非物質文化遺產的名堂，又代表了什麼？

我們的涼茶舖，還可以存活多久？

惟恐它最後被壓縮成膠囊，遙遠古老的藥方，竟坎坷得剩下渺小的一顆藥丸。

物情：耐人尋「味」

聽說，他是一位建築師，最近專門在舊式涼茶舖流連，為的是找尋紙皮石、浮雕字。他喜歡這種舊舖，樓底高兼無柱阻擋的空間感，使他從工作的壓迫感中逃亡。他戀上觸摸過去，這個聖神動作，被視為一項活化工程，意思是以舊事物刺激新靈感，深思熟慮如何將傳統涼茶舖的舊風貌帶進新世紀。

聽說，她是一位文化研究工作者，最近四出發現那些盛裝涼茶的葫蘆，還有幾乎絕迹的龜苓膏金鼎，甚至不放過熱湯碗上的一片玻璃覆蓋。她選擇遠距觀察，因為以上物件仍在這個世紀掙扎求存，它們還是活活的、有溫燙的熱度。她太怕自己的考古之手，把眼前絕無僅有的氣息瞬間石化後，會被扔進博物館，隔着玻璃無法親近。愈是深愛，愈怕失去，愈是保持距離，說不清的矛盾邏輯。世上太多逼不得已總教人無奈。

「一切美麗舊年華，明日同步拆下……有感情，就會一生一世

嗎？又再惋惜有用嗎？」

〈囍帖街〉的歌詞，沒有聲嘶力竭地捍衞集體記憶，只是教人放手的同時，可不可以留點情緒善後？

就這樣，兩個不相識的他和她，一直在各自的跑道上和時間競賽，提着沉甸甸的攝影器材，穿越橫街窄巷，追尋被遺忘的事物，紀錄不會發聲的物件的故事。他們不知道有這天的相逢。

「麻煩你，我想要一杯五花茶。」她這陣子睡眠不足，纏繞的喉乾舌躁，讓她對手指指向的那晶黃色瀑布有一種渴望。

「什麼？這叫銀菊露，五花、菊花都不懂分辨⋯⋯」老闆娘嘮嘮

叨叨，一張不屑的嘴臉，有效加速客人的火氣。

老實說，長期在這區探索的她，自以為對涼茶舖的每樣事物瞭如指掌，果真沒有好好了解這些苦茶名字背後的中草藥材。

「銀菊露、夏桑菊、五花茶、菊花茶、廿四味、火麻仁……」她一邊唸一邊記錄在她的電子手帳中。

卡座的對面，忽然來了一位跟她同樣提着數碼長鏡的男生。

他一坐下來，便轉向身旁的牆身。未幾，手指開始攀爬紙皮石拼出的懷舊圖案。當店員把涼茶端過來，太專注的他一不留神，手肘把萬壽無疆打翻了。

落地開花，碎裂聲相當清脆，卻並未喚起他對眼前店員活在貧窮線下的關注。

相逢，是兩條線在無法預計的情況下出現的剎那交界，無法擔保出現一如所料的肥皂劇戀情。

本來，擦身而過的二人，在涼茶舖這個平台，也不一定可以了解到什麼。他們都以為有能力抓住即將滅亡的時刻，可憐最核心的部分也未有透徹。攤開皺皺的藥材紙包，可能早已埋下砒霜我們仍

懵然不知，有多少人真正關心葫蘆裏賣的究竟是什麼藥？

背向新式涼茶舖霓虹街招的五光十色，我們盲了心眼，喪失了「吃苦」的味覺。

附錄：香港人怎樣看「涼茶文化」？

驟眼來看，傳統涼茶與新式涼茶好像沒有分別，最大的分別大概只是在於包裝；但在香港人眼中，傳統涼茶與新式涼茶有沒有分別呢？

我們訪問了逾百人，看看他們對涼茶文化的看法。

在問卷調查中，我們發現，原來大部分人都很喜歡傳統涼茶（6.7 分），亦不會覺得喝涼茶是老套的事（覺得涼茶老套的只有 2.9 分），似乎，大部分人對有「苦口良藥」（7.8 分）之稱的傳統涼茶，

並沒有太大的抗拒感。或許，香港人自小已開始喝涼茶，早就對涼茶的「苦」已習慣了。此外，大部分人都認同傳統涼茶有很高的藥用價值（7.6 分），是保健飲品之一（7.9 分），能夠成為非物質文化遺產（8.8 分），是很合理的事。

換言之，許多香港人都對傳統涼茶有正面的評價。

經過重新包裝後的新式涼茶，無可否認，對傳統涼茶帶來一定程度的影響（5.8 分），令不少人對傳統涼茶的感覺也有所改觀（6.1 分），不過，新式涼茶僅可以成為日常飲用的飲料（5.3 分），但新式涼茶並不能取代傳統涼茶的地方，也不能代表文化指標（2.6 分）。

此外，根據調查顯示，受訪者普遍認為新式涼茶的藥用價值並不太高（3.6 分），只有約一半人覺得新式涼茶屬保健飲品的類別（4.4 分）。

你又對傳統涼茶和新式涼茶有什麼看法呢？

你對傳統涼茶與新式包裝的涼茶有什麼看法？

問卷式樣

例：1 代表不同意，10 代表同意	1	2	3	4	5	6	7	8	9	10
1. 傳統涼茶味帶甘，令人有「苦口良藥」的感覺。										
2. 新式涼茶味帶甜，令人有易於入口的感覺。										
3. 傳統涼茶是在身體有毛病時才會服用。										
4. 新式涼茶是日常飲用的解渴飲料之一。										
5. 你會到傳統涼茶舖喝涼茶。										
6. 你會選擇新式的樽裝涼茶。										
7. 傳統涼茶已不合時宜。										
8. 新式涼茶可以取代汽水成為潮流飲品。										
9. 傳統涼茶有很高的藥用價值。										
10. 新式涼茶有很高的藥用價值。										
11. 傳統涼茶是保健飲品。										
12. 新式涼茶是保健飲品。										
13. 飲用傳統涼茶有老套的感覺。										
14. 飲用新式涼茶是潮流的指標。										
15. 你經常飲用傳統涼茶。										
16. 你經常飲用新式涼茶。										
17. 傳統涼茶是中國的文化遺產。										
18. 新式涼茶是中國的文化遺產。										
19. 新式涼茶的出現為傳統涼茶帶來革命性的改革。										
20. 新式涼茶的出現令人對傳統涼茶的感覺有所改觀。										

平均得分	最多人選擇的答案	佔%
7.8	10	28
7.2	10	24.5
4.2	3	28
6.3	6	17.5
6.7	10	35
6	7	19.2
2.4	1	42.1
4.7	1	17.5
7.6	9	22.8
3.6	3	24.5
7.9	8	31.5
4.4	4	31
2.9	1	36.8
2.6	1	42.1
5.4	6	14
5.3	5	21
8.8	10	50.8
2.9	1	42.1
5.8	5	21
6.1	7	22.8

2 主題在線

菊銀
明目
平肝火
五花茶
紙杯
大$9
細$8
每碗$8
雞骨草

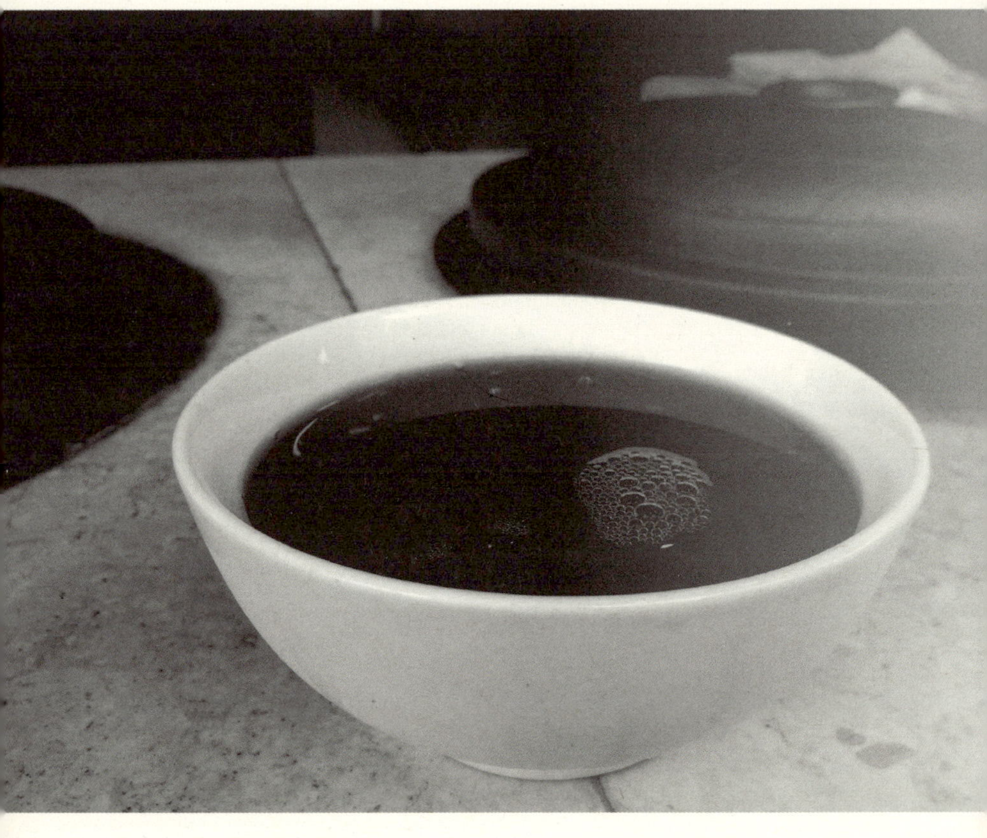

- 香港，是人人口中的福地，何謂福地？福地者，《易經》坤卦辭所說的厚德載物。
- 亦是胡秀英教授所説的「厚生」(Abundant Life)，香港位處嶺南，依山靠水，當胡教授來到香港以後，發現香港到處都是寶。
- 胡教授發現可以有感冒療效的冬青，也因而被尊稱為「冬青之母」。
- 福地，並不是「李氏力場」，也不是可以買賣經營的商品。而是德物，是上天早已蘊含在土地裏的豐富，隨着大自然的節奏顯示神祕的生命實力。
- 涼茶是正嘢，從生長、採摘，到成為一碗涼茶，一年四季，教人從寬的生活哲學。

2.1 芥菜種子一粒

｜胡秀英｜

「……一粒芥菜種；有人拿去種在田裏。這原是百種裏最小的，長起來……成了樹，天上的飛鳥來宿在它的枝上。」

「……信心，像一粒芥菜種，就是對這座山說，你從這邊挪到那邊，它也必挪去……。」

《聖經．馬太福音》13：31-32；17：20

冬青之母，胡秀英教授

在金陵的時候我就已知道以上所摘錄自地中海東岸的經典上的兩段。到今夏我才能有較合理的了解。生長在溫帶農村的我，攀登過川康13,000英尺的高山，也走遍了華南廣闊地區，研究植物生態，卻從來沒見過芥菜長成樹的現象。因此，我以為上面引用的經典，都是比喻。1994年5月由香港飛倫敦轉希臘，然後乘船到一個地中海的小島去，船離碼頭尚有兩英里，速度減慢。遠望岸上黃花如牆，很像哈佛大學樹木園山坡的連翹（Forsythia）。上岸後才發現，地中海沿岸野生的芥菜，開花時很像北歐的掃帚豆（Scotch Broom），高三數尺，一片金黃。更有啟發性的是，有一天我在村旁屋後人煙稀少的地方，看見幾隻小鳥，在野生的芥菜枝上，剝食每個碩果的種子。當時我忽然明瞭「飛鳥在芥菜枝上」的真實性。

遇到了「金陵良田」

我於清末出生在蘇北的農村裏。當時我們全村沒有一個人能夠寫出村裏所有人的名字（其實婦女都沒有名字，依娘家的姓稱「氏」）。女孩們連說話的權利也沒有。我的哥哥出生之後，我父母接連生了兩個女兒，都是在七天之內，因臍瘋夭折。我出生之後，母親對父親說：「又是一個女孩，可是我們已不再年輕了，你去買副小兒藥救她一命吧。」

父親在冰天雪地裏，步行到數里外的集鎮上，買了藥帶回家。母親起來，煎熬成湯，一勺一勺的灌到我嘴裏。絕未想到兩年後，她就成了寡婦！那時傳教士來到我們村中設立教會，辦了個小學，我哥哥去讀，我常跟着去玩，母親因為心情悲哀，接受基督，漸漸跟着我哥學識字，讀福音書，眼光開擴了。自己小腳，知道勞累腳疼的痛苦，決意不替我纏足，自己承擔鄉鄰的指責。她移風易俗，送女兒入學讀書。小學四年後，我轉入 45 華里外的高級小學住校。這時，母親到祖墳上大哭一場。母親無私的愛，勇敢的行動，叫我成為村中第一個中學女學生，由此而進金陵。

當時，我體力很差，心律有雜音，體育課只能作緩和運動。到金陵女大後，所見所聞所學，樣樣新奇。我雖數學底子好，英文程度卻差，感到功課壓力極重。我不會忘記是怎樣抱着英漢字典讀歐洲政治社會現代史的。教務長華羣（Ms. Vautrin）所授一個學分的 How to study 幫我摸到了讀書的頭緒，加上二年級時的英文教師好，對我提拔鼓勵，讓我感到進步的快樂。又聽了陳美玉老師所講授的 Hygiene（衛生科學），步步按照她們所教的去做，漸漸也摸到了生活的頭緒。金陵的伙食，比徐州中學時代的飲食來，在我像天天「坐席」（徐州話「吃大席」）一樣。兩年下來，人長高兩吋，體重加 10 磅。三年級時我成了運動健將，各種校隊的球員，Field Hike 隊長。

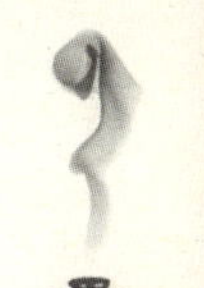

運動沒有妨礙讀書，功課並未影響課外活動和社會服務。在校期間，起初參加金陵鄰居拜訪，三四年級時，女青年會社會服務部的主日拜訪和兒童禮拜都由我負責。四年級又擔任課外活動委員會第一任主席。教室學習、課外活動都培養訓練啟發潛力，以供生活上遇到阻礙時，有「挪山」的志趣與技能。

「厚生」（Abundant Life）是金陵女大的校訓。它取材於「我來了，是要叫羊得生命，並且得的更豐盛。」（約 10：10）「更豐盛」的生命，後來在我身上完全實現了。

憑着意志和信心長成了樹

我在金女大讀生物系時，系主任是黎富思博士（Dr. Reevse）。1937 年她應成都朋友的邀請，暑假去華西考察長江上游魚類，正好遇到「七七」蘆溝橋事變，她便留在華西大學作生物系客座教授。1938 年 1 月，我同母親一起以難民的身分到達成都。由黎博士處得知，華大生物系缺少植物學老師。她知道我剛由廣州嶺南大學取得植物學專業的碩士，就推薦我當上了華大生物系植物學講師，教授植物分類學、普通植物學。當時教育部規定，生物系凡選讀植物專業的學生，必修植物解剖學、形態學、生態學。當時除了金陵大學植物系和華西大學生物系有植物專業教師，其餘各院校都沒有植物老師。金大的焦啟源博士只教植物生理學；華大的何文俊博士除菌類低等植物外也不教別的植物課程。這麼一來，我對形態、解剖、生態的課程，只有挺起腰來，預備講義和實驗指導，特別對解剖、生態兩門課，我是前週學後週教，現買現賣。因為有這些教課的經驗，到了哈佛大學之後，這些課程全免修，得以在兩年半的時間裏完成博士論文。這是後話。

教課就要帶實習，春假、暑假都要與學生一起去野外作業。我們總是剛放假就爬上高山，去採集植物標本。衣服不是為降雨打濕，就是出汗浸濕。幾年下來，我們走遍了川康一帶的千山萬嶺，有的高逾萬尺。共採集標本近 5,000 套，每套五份。這些標本，大部分留在國內，一套在抗戰勝利後隨我來到哈佛大學植物標本館。

在彭縣九峰山採到一份林下生長的長綠灌木，黑花紅果，推想是一種美麗的冬青，但不知學名是什麼。回到成都就去金陵大學和四川大學的標本室，卻仍鑒定不出它的科學名稱。1942 年夏天，我帶了這份標本到了由錢雨濃所長領導、從南京遷到四川北碚的中國科學院植物研究所，希望能在該所的標本館得到鑒定。

抗戰期間，中國科學家的工作和生活條件極差。該標本館設在一棟「抗戰速成」的房子裏，竹壁瓦頂，室內像火爐，吸進鼻子的

空氣是灼熱的。在他們這裏，冬青科的標本有三分之二沒有學名。幸有一部德人 Loesener 用拉丁文所作冬青科專著。我利用這部書裏的索引與描述，一一鑒定了植物所的全部冬青科標本，作了 300 餘頁筆記，發現了五個新種，且比着葫蘆畫瓢，做了拉丁文的描述。

整個暑天，只有日本飛機來時發警報，大家都進防空洞。在防空洞裏，才有休息。在標本室時，我用了兩塊手帕，一塊擦汗，一塊放在椅背上晾乾，如此調換，吃中飯前和晚上各洗一次。

這暑天工作的成果，回成都後，先把四川的冬青科植物抽出來發表了，其餘的帶到哈佛來。等到選擇博士論文課題時，老師說：「你已經開始中華冬青科的研究，你就完成這種工作吧」。這也是兩年半能在哈佛完成學業的重要原因之一。

冬青標本繪圖

哈佛研究院評審委員會之所以收我這個學生，除了〈四川冬青植物〉一文外，還有一篇華西邊疆研究學會會刊科學版發表的〈成都生草藥用植物之研究〉。我之能用英文作這篇報告，實在是金陵女大的栽培所致。

能叫山挪走嗎

一個有為的青年，向前看，尋找深造機會，希望能在國外優異的研究院進修，是很正常的。但會遇到種種困難，也是必然的。這些困難，好比「難挪的山」，小小芥菜種叫山挪走，山就挪走了嗎？我的經驗有兩條：一是認真對待方法問題，另一是不能把自己局限在狹窄的天地。

當然我也經過了「向幾個研究院註冊處索取簡章、報名表、獎學金申請格式」，經過了「請國內老師寫實事求是的推薦信」、「呈上自己出版過的文章」等手續，同時我還設法事先認定國外的老師，漸漸地我就看出，好學校的老師找優秀學生，與學生找獎學金和好老師一樣迫切，因為沒有研究生的老師在同事中就像沒有羽毛的公雞，是不受尊重的。在競賽中，除了語言、科技外，人格成長方面同樣重要，要剛韌，有耐心，有「百尺竿頭更進一步」的幹勁。具備了足夠的條件，經濟的「山」也自會讓開。

我雖然心存進修的願望，在抗日戰爭前途茫茫時也沒有氣餒，但我絕不做「兩耳不聞窗外事」的所謂「學者」。抗戰初期我就參加了國際婦女會（International Women's Club），不久後並被選為該會

第二任華人主席。後來又為完成承諾的捐款，而組織義賣義演（在義演時我扮了男裝與凌佩芬演出雙人戎族舞）。開始時，有些人聽說承諾了 1 萬元（銀元），氣得中途退會；結果呢，民俗歌舞連演三場下來，募到捐款 1.7 萬元，增加了買毛線為戰士織毛衣和為醫院加設免費病牀兩個項目。

後來，我為在臺灣興建金陵女中和在南京重建金陵女子學院等事中都出了力，也可以說是幫助「移」了「山」。

芥菜種長成了樹，也不能忘記各種各樣的「移山」任務，對於「移山」仍要充滿信心。這就是我 —— 金陵女子文理學院 1933 年的畢業生，抗戰勝利前成都華西大學副教授，到哈佛進修後一步步「長大」，成了哈佛大學樹木園研究員（終身職務），現又兼做廣州的華南農業大學榮譽教授、南京的中國科學院植物研究所榮譽顧問的胡秀英 —— 要在這篇文章裏告訴大家的心裏話。我的經歷可能在大家前進的路上多加一盞燈，多照一個亮。

芥菜枝接納無數飛鳥

芥菜是辛辣植物，沒有結果之前，天空的飛鳥既不落在它林上，也不躲在它蔭下。芥菜粗壯了，結果了，飛來的鳥雀數不清。有的來分享，有的來取得精神的安慰。

1. 獎學金與朋友分享

我到哈佛，領到了 Radcliffe College 的全部獎學金。一年之後我通過了普考，不必上課，搬到我的指導教師、哈佛樹木園（Arnold Arboretum）的主任那裏去住女生宿舍。在這裏只要付電費，食物除了主食、蛋、肉要買以外，蔬菜可以自己種（園裏每人有塊地）。這樣我就把獎學金與一個在成都時與我同在國際婦女會服務、以後和我一起來美的留學生分享，幫助她順利地得到碩士學位、博士學位。後來她在紐約大學的 Brooklyn College 興建了東方文學系，服務終身。

2. 為青年提供深造機會

1957 年 12 月 27 日，我路過臺灣，由台大農學院劉棠瑞教授帶領參觀，遇見台大的幾個植物學研究生有意到美國深造。當時臺灣的經濟很落後，即使是有了碩士學位的青年，到美國的路費也很成問題。再說當時哈佛女禁未開，就是美國的女博士在哈佛工作，薪水也不到她同班男生的一半。外國婦女食住之外，薪水是不會有什麼剩餘的。因此我設計了一個輪回助學金的辦法。凡是臺灣、香港有志深造的同學，可無息使用這助學金。學成，能力足夠時還本。全以人格擔保，沒有借約。

後來，我與家鄉的親戚漸漸通上了消息，有時他們來信除了報

平安外，也報告某年某月生了個男孩或女孩。我把母親的孫輩以及堂弟、表親等好幾個都起個英文名，到 Cambridge Savings Bank 立個戶口，以備中學畢業後有朝一日得到來美深造的機會。正好中美建交了，他們一一得到了這種機會。現在 John 已成了美國植物病毒學會的會長，還有幾個得了碩士學位或正在攻讀學位。總之，使用輪回助學金，成家立業、對社會作貢獻的，數不勝數。

1960 年，我在波城近郊買了一所房子。為繼續老師黎富思的意念，我預備了一間金陵人可以憩息的地方。牛惠生夫人最愛住在這裏，趙張肖松博士也住了一些時間。其餘金陵人來來往往在此憩息的，不計其數。

還曾有三位來自香港和臺灣的女青年研究生，和一位大陸來美讀大學的男士。因受不了留學壓力，或生活習慣適應不了，其中有三位進了神經病院。青年須停學，他們的擔保人食住憩息，都落在我設的「安定堂」裏。

3. 學術交流

「文革」期間，中國植物學家被迫與國外同行隔絕。科學院植物研究所錢雨濃所長自己或其他人有所需要，惟一可以通信的，只有一個中國海外植物學家胡秀英。那時尚無複印技術，所要的資料只有照相抄寫或購買。在學術上，北京有要求，我當日辦理，從不遲延。

1975 年夏，我以香港居民的身分，與中文大學和香港大學所組織的祖國科學教育訪問團到了北京，會見科學院植物研究所的同志們。回到香港，便把大陸植物學界向同行問安的話，在哈佛植物學報 *Arnoldia* 登載出來；並告訴海外同行：中國的植物學界，在治學環境很不順利的時候，堅韌卓絕，著述《中國植物志》80 餘卷。科學不能分國界，植物學國際命名法中有一條是「先入律」，就是一個新種的命名，以合法發表最早的算數，其後發表的作廢。我的同胞，應該享有公平合理的權利！

1979 年 5 月北京植物研究所邀請我在該所住一個月，早晚和青年植物學家交往。自 1980 到 1986 年，祖國各處的植物學界，都願知道國外植物學方面的情況和進展。最先由四川大學方文培教授組織長江上流各單位的植物森林藥物各界的植物學家，每天上午聽我作三小時報告，下午進行兩小時討論，歷時兩週。然後哈爾濱東北林學院、昆明植物研究所、西雙版納熱帶植物園、南京大學、上海第一醫學院、廣州的華南農業大學、蘭州師範大學植物研究所相繼邀我講學共數月。我由此廣泛認識了國內植物學家，了解他們的工作及生活情況。

4. 重點培養祖國植物界接班人

及後收到蘭州孔憲武主任來信，提起培訓接班人朱格麟一事。不久又有北京植物研究所俞德俊教授來信，談到培訓李朝鑾先生問題。我把兩封信同時譯成英文，交給哈佛大學樹木園主任 Peter Ashton，同時解釋：自 20 年代起，哈佛樹木園為中國植物學界所培訓的領袖，中國植物學界第一個博士胡先驌的論文，是在哈佛樹木園完成的；中國第一本英文植物出版物 *Chinese Economic Trees*（陳煥鏞 W. Y. Chun）是在該園寫作的。

Ashton 把這兩封信拿到諮詢委員會討論，決議由哈佛樹木園邀請朱格麟、李朝鑾兩位來美為訪問學者。他們來了，住安定堂，言語不通，我每天開車來回哈佛標本室。朱格麟每次和主任教授談話，必須當場翻譯；研究報告只能用中文寫，必須譯成英文；文獻格式的訓練，都要從頭開始。這些，我都親自承擔了，既費力又耗時。從他們兩位開始，此後人數更多。

有一次祖國來三位植物學家，在西岸開杜鵑花屬會議，會後我招待三位食住一個月；華南植物所研究員來美開豆科植物會議，事後招待食住三個月；北京醫科大學植物學部誠靜容教授介紹一個研究天花粉類植物的研究員，使用哈佛大學植物標本館的圖書及標本，又是交通、食、住三個月。大陸、臺灣的植物學家來來往往，我總是提供最熱情、最實在的接待。

飛鳥的回報

飛鳥啄食芥菜籽，嚥下大部分。落地的小部分菜籽，按時再發芽生長。小鳥不但節制芥菜種羣（Population Control），他們的糞便更是下一代芥菜的肥料。自然界物質迴圈極其美妙。人事何曾不然！

1968 年 3 月一位朋友向我告急：香港缺植物志，崇基學院急需教授植物學的老師。於是我飛往香港，教授植物形態學、分類學和經濟植物學。週末在新界崇基一帶上山下水採集植物，數年來共採

中大的藥園，胡教授是首創成員之一

1.7 萬餘套，每套五份，第一份帶到哈佛標本館鑒定，第二份留在崇基（後改組成為中文大學標本室），第三至五份分送美國國家標本館、英國皇家植物園標本館和北京科學院植物標本室。這些收穫是我接受教學邀請時沒有想到的。

也是在香港，有位葡裔婦女 Gloria Barretto，她喜愛香港野生蘭類，架起一個極簡單的蘭室，養育各種本地蘭類。由於愛蘭，就樂於尋求蘭科知識。離美之前，我曾研究蘭科十五年，已完成且發表《中華蘭科植物集覽》。共包含「蘭與中華人民之生活及文化」29 頁，「中華蘭類之結構與分佈」74 頁，和依字母排列科學文獻「中華蘭類記錄」274 頁。Barretto 知道這種情形之後，每天一下班，便携帶一盆開花的蘭和一杯熱奶茶，到我辦公室來。我喝過茶，拿起尺子、解剖叉與針。一面觀察、測量、解剖，一面口授。她是理民府的文書，善於速記，如此數年後，我們就把百餘種香港野生蘭的根、莖、葉、花的形態作了詳細的記載，且發表新的科學記錄十餘種，種種都有圖解。

在其間又有一位華樂庭夫人（B. W. Walden）帶着七歲的女兒來訪，説她喜愛香港的野生花木，且作了水彩畫，希望我可供給她所繪的花草名稱。當時為教學方便我已印就香港植物名錄且有標本證明，她的請求在我是輕而易舉的事。她把所有的水彩畫携來，兩次我便把科學名、英文名和中文名全給了她。她畫的植物多是高山、海岸的代表種，很有科學的價值，我鼓勵她出版以廣流傳。她走後月餘，又回來了，且說：「胡博士，你建議出版之事，我慎重地想過，認為有道理。關於每種植物，你能否寫幾句話，使人便於明瞭植物的性態和應用？」這對我並不難，所以我們當場試了幾個，那時她有150張水彩，她來了幾次就作完了。但是她的興致愈來愈高，結果作到300種，成了一本 *Wild Flowers of Hong Kong*（香港四季花畫譜），銷路很好，已印再版。

她畫的興趣愈來愈高，所包括的地區也愈來愈廣，出版了香港和華南花木兩部後，她又到雲南、西北3,000到4,500米高的高山去採集作畫。連續去了七個夏天。今夏在美國與我同住一月，早八時進哈佛標本館，晚六時半起身回家，她的植物水彩畫愈來愈多。對植物種類形態的知識便也愈來愈深，工作起來更起勁快樂。最近她來信說：「我無法形容感謝之情。在哈佛大學標本室以及和你家老少相處一月，我實實在在快樂……」

為了幫助這兩位——一位葡籍、一位英籍婦女，我吃了多少辛苦，一句句口授，但我何嘗沒得到快樂？她們的書中，也體現了我的厚生精神。我感到，我的生命因服務而更加豐盛。

芥菜籽種下去才能發芽、生長、粗壯、開花、結果、鳥食。「天生我材必有用」！信心有不可思議的力量，能挪山！人生路崎嶇，山多平地少，前途常茫茫，只有靠信心，抓住機會發展自己的潛能，百尺竿頭，更進一步；步步走穩，事事擺上自己最好的，作到盡善盡美，才能嘗到成就的快樂。

各位接班人喲！中華民族的光榮，靠你去爭取，去發揚。

我彷彿看見草叢裏有點着的燈，照亮那裏的生靈。

厚生喲，厚生。

種下罷！用了出眾的努力，必有收成。

＊ 原載《金陵女兒》（節錄）：金陵女子大學 80 周年校慶紀念 1915-1995 回憶文章匯編，頁 88-97。

2.2 書摘一：
《中醫不切西瓜》作者｜李宇銘｜

〈人為什麼會生病？——內內外外不內外〉

大頸泡的女兒

去年農曆新年，我到了菲律賓東岸一個偏遠的海邊鄉郊，進行

中醫的考察和義診服務。

實地考察，與我們想像中的差不多，這裏有不少傳染病，例如寄生蟲、肺癆、皮膚病等，是城市相對少見的；還有相當多的居民害了風濕痛、腸胃痛、營養不良等，相信都與氣候潮濕炎熱，人民以農耕、捕魚謀生，和各種飲食習慣有關。

叫我們驚訝的是，原來患上西醫斷症為高血壓、冠心病、糖尿病的村民人數也多。這些「都市病」，已乘着農村的城市化入侵。

一天晚上，我們到了一戶農民家中留宿，體驗生活，也順道給他們看病，以免白吃白住。

這戶農家有三個女兒，大女兒患有俗稱的「大頸泡」。過去幾天，我在這地義診，已發覺婦女患上這病的，為數不少。這病西醫稱為「甲狀腺腫大」，而中醫則稱為「癭病」，寓意喉嚨前方腫脹如櫻桃。

按照西醫解說，飲食缺乏碘質或者碘質過多，都會引起這種疾病。那地靠近海邊，漁民居多，吃多了海產類食物，難免發病，我們想。

可是按理這家人飲食習慣相似，為什麼只有大女兒害病？

我們給她診斷，發現她氣血不通暢，是「肝氣鬱結」所致，屬於一種「鬱病」。這種氣血鬱滯，通常跟心理、情緒鬱結有關，比如經常發怒、抱怨、憂思、緊張，都可能引起這種情況。

「最近可有發生了什麼不開心的事？」一問之下，她就如決堤般哭了出來。原來她是兩個孩子的母親，因為生活艱苦，去年到香港當家傭養家。之前自費受訓半年，已承受相當壓力。怎料到任只有一個月，僱主便以孩子出國讀書，不再需要傭人為由，辭退了她。她被迫還鄉。過去付出的時間和金錢，全都白費了。……

中醫基於整體觀念的思想，認為疾病由多個因素綜合而生，因此主張找出致病的多因素、相關性的關係；而內在因素又最為決定性。《素問遺篇・刺法論》説：「正氣存內，邪不可干。」

* 原載《中醫不切西瓜》頁 140-143（節錄）。

2.3 書摘二：《冬青之母胡秀英》作者 | 李綺年 |

少女時代

「一個獎學金令我進入位於徐州的寄宿學校 —— 由傳教士辦的正心女校。」

青年時期

「我進了金陵學院，一所位於南京的科學藝術自由學院。我的興趣是農科，但因金陵學院沒有此科，我就選了生物為主修科，而社會學為副修科，希望這些科目能助我日後服務中國農村。

畢業後，有機會到廣州嶺南大學半工讀植物學碩士課程。我的老師包括莫古禮博士，他專門研究南中國的竹子及藥物收集者、住在羅浮山的道教僧尼，以及廣州的店主和建築工人。」

抗戰時期

「我得到科學碩士銜頭以後，中日戰爭因北京南邊的蘆溝橋事變而爆發。中國沿海省份給日人佔領。1938 年，我以難民身分抵達四川成都，並接受華西聯合大學生物系的教職，一直到 1946 年。每當暑假，我會帶同學生到阿芒戴維德（Armand David）住過的弁平及被安諾樹木園的威爾森（E. H. Wilson of the Arnold Arboretum）探險過的很多地區採集標本。」

哈佛 20 年

「1946 年 3 月，哈佛大學里奇利夫學院的一封電報，通知我得到跟隨哈佛大學梅里教授讀博士學位的全獎學金。1946 年，我離開

中國前往里奇利夫學院修博士學位。由中國的生活方式變為美式，在我來説，就像昆蟲的完全蜕變，每樣事物都是新的。」

最後一程

回歸香港中文人學，實現服務中國土地和人民的抱負。

＊《冬青之母胡秀英》章首頁介紹節錄。

作者李綺年（右）與胡教授

2.4 書摘三：《我偷看了姐姐的日記》作者｜周淑屏｜

〈廿四味・火麻仁・五花茶〉話劇劇本

第一場 —— 玻璃杯

場景：百吉涼茶舖

人物：吉叔、廿四味、火麻仁、五花茶

（百吉涼茶舖結業前最後一天，三姊妹收拾物件，五花茶找出涼茶舖已用了 20 多年的玻璃杯和膠杯蓋）

五花茶：（捧一盤玻璃杯和膠杯蓋）大家姐、二家姐你們看，裏面有近百隻玻璃杯和膠杯蓋，我想用上 20 年都有了，阿爸還不捨得丟掉，儲在這兒！你們看，有好多個杯邊都全崩了！

（五花茶將玻璃杯和膠杯蓋放到枱上）

廿四味：（走近看）嘩！全崩了，弄損客人的嘴怎辦！

火麻仁：杯邊還「黑麻麻」，還黑過我對眼搽的睫毛液！（走向裏面偷看）趁阿爸未出來，快點拿出去丟掉了吧！

五花茶：不能丟掉！這裏一隻杯、一張凳，都是阿爸的命根來的！

廿四味：你丟掉它們，他一定對我們嘮叨十幾年呀！到我們的孫兒出世他該還在嘮叨！

火麻仁：所以要趁他不知情時全丟掉！我們三個死也不認，說沒見過不知道，他也沒奈我何！如果不全丟掉，他很容易看見這些「架生」還這麼齊全，說不定會找過一間舖東山再起！

五花茶：阿爸找過一間鋪東山再去有什麼不妥？看見他那麼不捨得鋪子「執笠」，我內心也不舒服！

火麻仁：不是嘛，這麼難得才等到業主收鋪，阿爸結束這間「爛鬼」涼茶鋪呀！我們困在這兒 20、30 年還不夠呀？連嫁了人、生了小朋友都要成日回來幫手，每年連團年飯都要在舖頭裏吃！一知道間鋪要「執笠」，我就告訴自己，這個發了 20、30 年的噩夢終於發完了！

＊ 原載《我偷看了姐姐的日記》頁 125-126（節錄）。

我哋涼茶
係正嘢

3 品味閱讀

龍鳳龜麟
謂之四靈
龜者瑞物
長壽之徵
賀壽禮物
蓋以龜形
本堂出品
特製龜苓
扶元固本
延壽益精
諸君試之
祝爾遐齡
永昌作
梁天鵬彫

- 「來一碗涼茶」從公民科學的角度看懂涼茶；「主題在線」以生物研究的進路側寫涼茶；「品味閱讀」則探視香港歷史，醫療保健，描述涼茶作為民間智慧的承傳。
- 一杯涼茶，蕩漾着香港市民的共同回憶，從鴉片戰爭到石硤尾大火，一碗涼茶，一人一個故事。
- 根正苗紅，惟有涼茶。塑膠業、製衣業、鐘錶業，在時代變遷中各走各路，沒落王孫。只有涼茶，帶着香港走過三年零八個月、走過殖民、走到一國兩制。
- 看來，涼茶不會移民，用最踏實的方法說愛國愛港。

港式涼茶庶民史

｜關麗珊｜

各施各法，對應香港潮濕悶熱天氣

我們從小認識的香港歷史由鴉片戰爭開始，清朝政府將香港島割讓給英國，香港成為英國殖民地。歷史書寫香港由小漁港發展成繁華大都會，沒有寫的是香港歷史悠久，唐代已在屯門駐兵，土瓜灣出土宋代古井，在在證明香港歷史悠久。一直以來，香港人都以涼茶預防疾病，甚至治療小病痛的。

英國人並不適應香港的潮濕悶熱天氣，集中住在港島半山區，廣植樹木，開始興建醫院。英國人跟香港居民隔離居住，以免感染疾病，醫院只為英國人而設。殖民地政府只承認西醫資格，也不禁絕中醫，任由良莠不齊的醫師和江湖郎中在民間診症。

早期的華人不能到醫院求診，直至 1872 年東華醫院成立，華人才可以看西醫。不過，普羅大眾沒有餘錢光顧西醫，日常生活就以

涼茶保健。

當年的華人以戶外體力勞動為主，比方說，在街市叫賣、拉人力車和搬運等，香港人稱為「咕哩」，即是苦力。他們身體強健，每天日曬雨淋的從事體力勞動，有時外感發熱、四肢無力、腸胃不適等，由於沒有錢求診，他們會去飲杯廿四味，或買包廿四味回家自煮飲用，通常發汗休息後，就可以痊愈。

廿四味是南方常用藥，不同藥材店選用的廿四種藥材稍有不同，主要以性帶苦寒的草藥入劑，取其清熱解毒，不見得適合所有苦力所患的病症，窮人只是無得揀，只好常飲廿四味，廿四味見證了百多年來的窮人命運。

香港本土人口從來不多，直至上世紀 50 年代，大量移民湧入香港，政府一下子無法應付人口膨漲帶來的住屋、醫療、教育和就業等需求，在醫療不足的情況下，普羅大眾繼續以涼茶保健和治病。

移民來自五湖四海，因為逃避內戰和各種政治運動，不得不離開故園南下。大部分人打算短暫居住，以為待局勢穩定，就會回鄉，豈料一等就一輩子，香港變成他們和子孫的故鄉。

香港屬亞熱帶氣候，夏天翳熱鬱悶，當年的移民居住環境惡劣，大多在山邊搭建木屋，或多伙人擠在唐樓的一個單位，各自住在板間房，沒有冷氣，甚至買不起風扇，容易傳播病毒，夏天時更要多飲涼茶消暑。

各地移民將家鄉涼茶配劑帶來香港，加上原居民慣飲的涼茶，讓不同地方的民間智慧在小島匯聚起來，香港近大半世紀發展，也可從涼茶舖體現出來。

涼茶舖 · 收音機 · 公仔箱

20 世紀 60 年代，美國影星占士甸（James Dean）的反叛形象流行一時，英國樂隊披頭四（The Beatles）嶄露頭角，香港年輕人開始聽歐美流行曲，本地樂隊興起，主流娛樂是聽收音機。當日的反叛少年的打扮都仿傚占士甸。一時間，少男少女都為本地冒起的英語流行曲樂隊瘋狂，他們穿着西化，「郁身郁勢」，香港人稱他們為飛仔和飛女。

由於人口增長太快，政府未能配合發展，職位不多，人浮於事，普羅大眾生活艱難，家裏未必有收音機，青少年只好到涼茶舖聽收音機播放的流行曲，以飲一杯涼茶的價錢，在涼茶舖聽半天收音機，甚至隨歌起舞。我們很難想像涼茶舖曾是潮人聚腳地，正如我們難以想像父母和祖父母輩也曾年輕，每一代人都有他們的潮流。

香港的涼茶舖多做街坊生意，每間都有幾款涼茶任人選擇，性質大多比較溫和。光顧涼茶舖的青少年跟先前談及飲廿四味的苦力已經不同，他們多飲火麻仁（性平味甘，潤腸通便）、雞骨草（清熱解毒）、五花茶（清熱、解毒、利濕）和竹蔗茅根水（清熱下火、生津止渴）等，這類涼茶老少咸宜，可見當時的人暑熱難耐，飲杯涼茶清熱。要是有便祕困擾，會可飲杯火麻仁潤腸通便。

當然，廿四味從未消失，只是性質偏寒，體質虛寒者、孕婦、月經期間者、服用西藥或容易對藥物敏感人士不宜飲用。適宜飲廿四味的人是體質偏熱，容易感到熱氣和咽喉不適，常有熱瘡和痱子等，廿四味的味道也苦，通常是熱感初起的人飲用。

1953年聖誕日石硤尾大火，無數木屋遭烈火燒去，大批災民無家可歸。殖民地政府才興建徙置區安置火災難民，居住環境依然惡劣，所有徙置區都有涼茶舖和藥材舖，繼續為基層市民服務。

60年代，香港人口約500萬，經濟發展迅速，基層市民家裏開始有收音機，免費電視開台，但電視機仍是奢侈品。炎炎夏日，市民大多不願留在擠迫酷熱的單位，寧願在晚飯後走到球場乘涼，或一家大細到涼茶舖看電視。無論在球場還是涼茶舖，一杯涼茶在手，可以消暑散熱，那時候，涼茶遠比汽水普及。

70年代香港輕工業興起，牛仔褲熱潮帶起香港的紡織業和製衣業，電子廠和塑膠廠同時大量投入生產，社會欣欣向榮。不過，冷氣機依然罕見，工廠招聘時，以冷氣廠房吸引求職者。當年的茶餐廳又名冰室，門外寫明冷氣開放，吸引食客。沒有冷氣的涼茶舖不再是年輕人聚集聽收音機的社交場地，或一家大細看電視的地方，涼茶舖漸漸回復純粹飲涼茶的功能。有些涼茶店開始兼賣蘿蔔糕等小食。如果一心喝杯涼茶的人會選擇站在涼茶舖外飲完就走。有些客人會選擇來杯涼茶，順便吃糕點，這些人，會走進點舖坐下。無適如何，涼茶漸漸失去治療和預防疾病的功用，因為窮人都有錢看醫生了。

人人都是涼茶勝手

由於多數家居和商舖沒有冷氣，加上體力勞動的藍領佔勞動人口的多數，不少主婦懂得在家煮涼茶，讓一家大細下火清熱。家煮涼茶比涼茶舖的款式較少，最常見的是夏枯草（清火明目、清肝火）、火炭母（清熱利濕）加黃豆，飲過涼茶，小孩還可吃黃豆，正好消暑解熱。

兒童體質不一定適合飲涼茶的，不過，當年沒有冷氣，小孩在悶熱的盛夏才會飲涼茶。冬天寒涼，沒有人飲涼茶，涼茶成為民眾夏日消暑飲品。

那年代仍有賣涼茶的小販，因為政府知道新移民未必找到工作，對無牌小販網開一面，讓他們可以謀生，減少社會問題。

小販會用鐵皮車推兩缸涼茶出來，常見的是崩大碗（清熱利濕、解毒消腫）和紫背天葵（清熱解毒）。小販只要有採摘草藥的常識，在山邊採摘後，曬乾，煮成涼茶，就可以拿到街上賣。跟廿四味一樣，這兩種涼茶同樣性寒。不同的是，廿四味是複方涼茶，崩大碗和紫背天葵是單方涼茶，較為寒涼，涼茶舖少見，比較適合戶外體力勞動的男性飲用。

那時的巴士和小巴沒有冷氣，司機、地盤工友和送貨的雜工等，在炎夏暴曬半天後，飲碗寒涼的崩大碗或紫背天葵，正好消暑清熱，也避免中暑。

賣涼茶的小販以一技之長謀生，即使是知識水平不高，找不到合適的工作，只要有家傳的涼茶藥方，懂得上山採藥，依然可以憑努力養活自己和家人。然而，隨香港實施九年免費教育，工廠逐漸北上，藍領日漸減少，戶外工作的人口遞減，涼茶的需求已不一樣。加上政府不斷收緊小販管制，街上賣涼茶的小販近乎絕迹。現在到大澳旅行，偶然會看見小販賣這兩款涼茶，崩大碗和紫背天葵是本土植物，見證香港的繁榮和轉變，這兩款涼茶在香港以外的地區並不多見。

以前的主婦有世代相傳的涼茶配方，然而，隨外傭數目不斷增長，新一代主婦已不懂得熬涼茶，甚至不會煮飯，懂得煮夏枯草涼茶也不多。新生代飲包裝飲料長大，吸收太多糖分，癡肥和患糖尿病的兒童增加，今日的城市病是以前沒有的，不同的普及日常飲料造就幾代兒童不同體質。

1997 年香港回歸，特區政府承認中醫地位。

香港人口增加至 700 萬，工廠已不多見，原本從事商貿的出入口公司，隨內地改革開放而轉型。香港變成金融中心，人口密集，處處都有冷氣，連巴士也不例外。城市人習慣偏凍的冷氣後，身體狀況有所改變，常見冷氣病，細菌和病毒在密封的冷氣環境散播得更快，大部分人是亞健康狀態，很少人真正身體健康，但簡單的涼茶已失去昔日為市民平衡身體狀態的作用。

香港已是富裕的城市，城市人可花錢看中醫養生保健，不再依靠簡單的一杯涼茶。

以前的草根市民需要醫館贈醫施藥，現在社會已有基本的安全網保障，即使貧富懸殊，起碼確保沒有人會捱餓，沒有人無錢醫病，今日的人也不用廿四味「看門口」，有病醫病，無病強身。從前的窮人會上山採摘草藥用來煮涼茶，甚至拿去賣。千百年來，涼茶在南方照顧無數人健康，不但是文化產物，還見證了社會的變遷。

人的體質會改變的，即使先天體質偏熱，經常飲涼茶都會變成體質偏寒。冷氣普及以後，香港人的體質也集體改變，新一代習慣在密封的冷氣環境生活，經常留在室內玩電腦，戶外活動大減，喜愛凍飲，令體質變得虛寒，容易生病和敏感，如鼻敏感、氣管敏管和食物敏感等，不少人已不適宜常飲涼茶。

香港舖租不斷上升，涼茶舖也轉型為主力出售較貴的食品，如龜苓膏、西米撈、生果甜品和小食等，幾十元一碗。與此同時，涼茶也以瓶裝和罐裝包裝成時尚健康飲料，不過，消費者要細讀涼茶標籤，了解成分，以免吸收太多糖分。

以鴉片戰爭開始看港人生活，普羅大眾上山採摘山草藥自煮涼茶，然後去小販檔和涼茶舖飲杯涼茶，到今日隨時走進超級市場和便利店買瓶裝或罐裝涼茶……儘管涼茶名稱一樣，不覺換了人間。

涼茶歷史外一章：

香港人飲用的涼茶草藥，大多是香港和廣州常見的植物，就地取材，成本不高，所以，涼茶一直是基層市民的消暑清熱飲品。南方多熱病，窮人生病未必有錢看醫生，仍可飲杯涼茶期望清熱解

毒，減低病情和不適，涼茶一直是民間保健飲品。

2003 年以前，很少香港人聽過板藍根這種草藥，板藍根是菘藍的根，菘藍主要生於江蘇、安徽、河北、河南和浙江等地，性苦寒，功能清熱解毒，涼血利咽。

自古以來，春天和秋天都是疫症蔓延的季節，尤其是細菌孳生極快的春瘟，歷代殺人無數。

2003 年春天，廣州傳聞出現神祕疫症，大批市民趕往藥材店搶購板藍根沖劑，還要在家蒸白醋，以預防感染病毒。

消息傳到香港以後，不少人訕笑搶購板藍根的民眾無知，那是不能預防感染病毒的。內地民眾確實不理性，板藍根苦寒，脾胃虛寒者忌用，無病的人胡亂飲中藥沖劑反而可能變成有病。然而，這樣的事情反映百姓的恐懼，他們不信任官方消息，卻對傳聞深信不疑，甚至以為官方愈否認的事情愈接近事實，才對傳聞反應過敏，可見內地醫療系統問題嚴重。

那時候，有個內地病人來港求診，將病毒帶來香港，疫症迅速蔓延，令一些香港人也恐慌起來，加入搶購板藍根行列，因為大家對新病毒一無所知，甚至有人在家蒸醋，期望為家居消毒，阻止病毒入侵。

中國在數千年來經歷多場瘟疫，無數人因疫症蔓延死去，不少方劑因應對付病毒而生。板藍根和大青葉等苦寒草藥是治療疫症的方劑主藥，流傳下來，不曾學醫的百姓誤以為飲板藍根可以預防瘟疫，紛紛買來保障自身安全。

那一年，我剛讀中醫兼讀課程，五年後到內地醫院實習時，看見市面上仍有板藍根沖劑，早已沒有人搶購，但仍有各式各樣的沖劑。讓我想起百多年前的香港，窮人沒有求診，只好以中藥沖劑和涼茶自保。

2003 年的一場疫症過後，病毒沒有重來。然而，內地假藥太多，促使內地開放自由行旅客以來，香港的藥材店成行成市。民眾依賴成藥而不求診並非健康情況，內地醫療制度更是困局。

魯迅棄醫從文，為了「救國救民需先救思想」。孫中山棄醫從政，他相信「行醫只能救助很少的人，革命卻能救中國億萬大眾。」

涼茶成為文化遺產絕對是好事，可惜涼茶不能洗滌人心的貪婪黑暗，無法為人的思想解毒除垢。

我哋涼茶係正嘢

4 本土創造

適用
感冒頭痛
乍寒乍熱
痰多咳嗽
週身骨痛
發燒鼻塞
噴嚏鼻水
除濕利小便
祛骨火
野葛菜
車前草
雞骨草
夏枯草
蛇舌草

廿四味
清熱解毒
大夫開方・四季平安
$8/碗
冷/熱

- 文學來自民間，民間樂在文學。
- 涼茶要證明它是正嘢，還欠一樣，需得用文學手段來驗證：涼茶有話跟寫作人説嗎？寫作人樂意用涼茶作寫作的材料嗎？請年輕寫作人自己來説。
- 文於天説：它們的葉子捲起來 / 像菜市場上很多與聲音無關的豬耳 / 還有那些也許曾經飛過麥田的翅膀 / 如今已碎掉，沉於碗底 / 之後經過另一場更崎嶇的飛行 / 沉於我遙遠的感冒之內。
- 布正峯説：……小李媽媽很樂意煮，但美中不足的是，她認為羅漢果水甜而不苦，又不用加任何中草藥煮，根本沒有醫藥用途，不算是涼茶。她煮涼茶的畢生貢獻，也變相被小李否定了。……如果小李媽媽唸過中學數學，她會知道自己犯了「if“A to B”, then“Not A to Not B”」的邏輯錯誤。

4.1 涼茶店

| 余龍傑 |

涼茶代表了廣東，外省人來粵，都爭着呷一口味辛的涼茶，期能清熱祛濕之餘，忍耐得住苦味亦是一種驕傲。說涼茶離我們遠，但每個港鐵站裏都有一家涼茶店。說涼茶離我們近，但它的年紀比我們老，像一個和我們有代溝的長者，沒有共同的話題。

涼茶是不屬於年輕人的嗎？倒不見得。相信那是人皆有之的經歷，每次燒烤以後，母親都會煲一鍋涼茶，夏枯草也好，金銀花也好，「熱氣啊，仔 / 女！」是一種關懷的藥引，一口喝下去，痱滋便不會出來了。在鍋中那一團翻滾的黑，不自覺地釋出草本的清新。甘澀之中，滲着不需太多片糖調味的清甜。那個時候，不需要糖，也能品嚐世間的甜味。母親除了會下片糖，也下冰糖，黃色的晶瑩是我歡喜的泉源，母親會掰一小塊冰糖讓我啥在口中，我一口一口地吞下甜甜的唾液，世界便不再有憂慮了。喝涼茶的時候，看着杯底一個又一個散開的圓，涼茶都流進身體，確是有股清新在喉，甚

至有一襲涼氣升起，精神為之一振。

青春期的日子，臉上油脂很多，青春痘也多，和母親逛街的時候，經過涼茶店，她總說要給我買一碗廿四味，清熱解毒。我是自那時候開始留意涼茶店的，長長的木枱子上，放着一碗用保鮮紙包着的涼茶，智慧和歷史都鎖在裏面了。我接過碗子，微暖的青花瓷流露涼茶店的傳統，苦的廿四味，那個時候還是一口便能喝下去。老店員接過碗子，從木桶子倒出涼茶，茶的餘甘猶在喉頭，碗子已放回原位。店員身後的木吊扇，在柔黃的燈光下旋轉出一種淡淡的生活。

香港的涼茶店漸漸由散兵遊勇發展成一個體系，最先冒起的要數海天堂。大學的生活太自由，飲食沒有節制自然容易熱氣。下課後，有時會和朋友到學校附近的海天堂坐一坐，木質的椅桌，仿古的牆壁，木紋展現世界的層次，沒有靠背的椅子讓快樂自由地流動，狹仄的小店拉近我們的距離。我愛喝火麻仁，甜甜的，那時已經喝不下苦了，連酒也不喝，嗜甜，是不是人大了，經歷的苦太多，不敢再喝苦的了呢？

在涼茶店中一枝獨秀的，要數鴻福堂。以綠色為主題的店，幾乎每個港鐵站都有。走時尚路線的設計，長期播放基督教詩歌的純音樂，收據上也印着《聖經》經文。鴻福堂的涼茶，基乎全是甜的，好像連廿四味都帶一點甜味，它還賣小吃、湯包、糖水等物，又推出飲品券，算法我不太懂，但都是有折的。我每每拖着下班疲累的身軀，下了港鐵便買一瓶鴻福堂的涼茶，刷了刷計算飲品券的卡，算是把不快刷走了吧。有時還會帶朋友一瓶，清熱之餘，取什麼不好的東西都清走之意。而另闢蹊徑的涼茶店，則數許留山，從賣涼茶轉營至專賣芒果甜品，可有點意味；但從門口的牌匾到一椅一桌，全都是蠟得光亮的木質，古雅之中帶着上流的氣場，走進去好像是身分的象徵，有點怪怪的。

可是無法改變的，是我們都偏好甜，涼茶店賣的涼茶都偏甜。生活太苦了，的確需要一點甜來調味，小時候那些沒有名號但承傳了文化的涼茶小店，那些為你添點涼茶於青花瓷碗中的老店員，幾近絕迹了。而現在的涼茶，又好像和古老的涼茶，相去的不止是時間上的距離了。

4.2 涼茶舖

｜張曉恩｜

一字排開的銅壺頂上，幾縷白煙
壺頂升起的　是一個約定
只有煎藥與喝藥的人曉得
葫蘆裏的藥　絕無欺場
防風　三錢　桔梗　三錢　甘草　一錢
牛蒡子北杏川弓生薑還有
家常　一把捏碎後下　溫服

早已嚐不出什麼甜
銅壺後面，總有些龍鍾的身影
呷下茶　吐出一壺軼事
有關於出軌的丈夫
有關於生產的痛苦
有關於起皺的皮膚
有關於風濕的關節
比較不了哪一味　更苦

她想要山楂餅

的確是有那種，碗底那樣寬的

但她忘了　媳婦叮嚀

但她忘了　苦口良藥

但她忘了

喝着的是用記憶　煮得太濃以致無味的涼茶

或許曾經是個祝福

從滾燙到變涼的　萬 壽 無 疆

一潭茶在碗內，紅得發白

像那四個鏗鏘的搪瓷字

如今　變成毒藥　剝蝕的搪瓷溶在茶中

喝下　然後變得孤癖

直至

街外有人停駐

同一味茶　直撞向喉嚨

發出俐落的　骨碌　骨碌

那人從衫袋吐出

一串　叮咚的錢幣

她驚覺，老闆總忘記結她的賬

也罷，也罷

如果外面的茶葉蛋是我的孫子，她想

那大概要把蛋殼再敲碎一下

4.3 冷熱之間

| 李日康 |

現在，大家都知道陸金龍涼茶舖為什麼會叫作陸金龍涼茶舖了。

陸金龍在葵興新區。新區，是幾十年前新發展時的名字，一直以來紅綠小巴都沿用這稱呼，寫在站頭，於是新區就一直新了好幾十年。涼茶店兩旁分別是老牙醫的診所以及花花麵包店，夾在磨沙白光燈與保溫黃燈中間，窄長的陸金龍和棗色的牆好像顯得有點滑稽，但大家都說不出所以然，於是就覺得其實也十分正常了。

個多月前的某天，涼茶舖的老闆，也就是後來人人都識，稱作勁老闆的那位，突然把店內所有如同便利店汽水機一樣的透明涼茶箱子統統換掉，取而代之的，是六座作風誇張的金屬葫蘆形涼茶爐灶，葫蘆大約有半個成年人高，鍍銅色，每隻銅葫蘆都有六條金龍浮雕。六六無窮、陸陸無窮。一位頭髮都黃盡的阿婆行過，見到六座巨山，就說，這種架勢已經十分罕見，戰前戰後整條街都是。勁老闆頭也不回，淡然道：舊時伯爺留落。

六金龍與陸金龍頓時成為街坊間的話題，師奶買餸走過，或者接孩子放學，都會停下腳步看看。街坊們說老闆從來言語不多，不置可否，但所有街坊都認定他心裏其實歡喜得不得了，而且打算以這些擺設招來生意，因為他其後陸續搬來了有一副車胎大小的三腳蟾蜍吐金錢，以及足四尺長的倒掛蝙蝠，當然，這些也是舊時留落的。勁老闆把一切可省的陳設與機器都省掉來騰出位置，如果不是要有冷櫃存放龜苓膏，恐怕就連雪櫃也得要讓路給古董們。

遊人會走進店內拍照，陸金龍頓成區內景點，也是惟一的景點，勁老闆沒有禁止也沒有歡迎，只是在他們拍得興起的時候，問他們一句：有咩幫襯？人們其實都不知道有什麼涼茶賣，通常都是隨口回應，點最普通的五花茶或夏枯草。不知是夏枯草賣多了，還是真有其效，竟然吸引到電視台的採訪。除了拍攝店內的厲害架勢，主持人當然少不免要請教老闆泡製涼茶的心得，以滿足螢光幕前的家庭觀眾。老闆除了那句伯爺留落，還鼓足中氣地說：「一字既之曰：夠勁！」節目一出，從此人人都叫他勁老闆了。

我原本是並不相信涼茶那一套的，大學時候聽過一位從北大醫學院來的國家級中醫藥教授的課，她說南方人什麼病都飲涼茶，涼茶也是中藥，表面上好像使喉痛暗瘡褪卻，其實長此下去會使到脾胃虛寒、不長肉、胃口差、易發冷，她建議要多吃肉，她提議南方人吃一個食療叫羊肉淮山粥，她補充説其實中醫很多理論也不夠科學化，要用現代科學革新。

就在半個月前的晚上，我應酬夜歸，內地來的老總把吃完吃不完的也點，想像過或未想像過的都要，餐枱上是一城的狼藉與恐慌。後來從佐敦乘紅頂小巴回到葵興已經11時多了，走過那人稱勁老闆的陸金龍涼茶舖，我躊躇着，喉頭火燒，胃海翻浪，勁老闆邊仔細拭抹六條金龍邊瞟一瞟，問我買唔買，唔買收工喇。我就是想要買點東西撲火，但坐下了又不知要喝什麼。勁老闆沒有理會我，逕自走入店後，不一會，端來一碗墨色得深不見底，白煙直冒，不知稱作茶還是湯的飲料，放在我跟前。勁老闆説，對你好，飲啦，當然，要收錢的。

我早應該在他走進店後時悄悄溜走，又或者根本就不應該走進來而回家吃胃藥好了。勁老闆蹺起雙手，好像在等我喝完就落閘收工，我只好硬着頭皮，丁起舌尖舔，但入口的時候沒有想像的苦澀和草藥味道，其實只不過是着了顏色，有點味道。雖然燙口，但我骨碌骨碌的差不多一口氣喝下，潮燥的小腹慢慢就安頓下來。

如是者，應酬過後，我都一定到陸金龍涼茶舖飲一碗涼茶，有時我甚至會早一天就告訴勁老闆我要應酬，請他替我準備，直如這

天一樣，上班時特意經過涼茶舖，和老闆說我大約 11 時半回來，請他為我煎好涼茶，他就是一句「得啦」，顯得有種默契，我就覺得我和勁老闆已經很熟絡了。我們有種男人之間的情懷，他知道我要邊聽老闆的冷笑話邊陪笑，我說公司有心儀的女同事但我不敢表白。勁老闆很多時候也是笑笑，都沒有回答。

怎料那晚上內地老總不放行，二窩頭呀五糧液，我軟着腿硬着喉頭乘的士回來還是遲了 45 分鐘，一心以為早已落閘關門，豈料店裏還是燈火通明，只是勁老闆人不在舖面，桌上獨放着碗一隻，我知是我的涼茶，我邊呼喊老闆邊一大口就灌，嘩！又冷又苦，我幾乎一口原原本本的吐出來。老闆慢條斯理自店後走出，我終於忍不住問他，我晚晚喝的究竟是那種涼茶，他說，什麼涼茶，只是普通熱茶，勁老闆見我目瞪口呆如是狀，大條道理補充，誰說涼茶舖只賣涼茶，喝得你身體舒服就是好茶。

不過，還是熱喝的好。老闆說。茶，放涼了就苦。因此，他又重新泡了一碗熱茶給我，我追問茶的品種，他還是那句，伯爺留落，他也不知道。

臨走的時候，我不忘為遲到道歉，但心裏倒是在意，原來一直喝的是名字也說不出的野生茶，就覺得有點不太值得，還計算日後會否再來的時候，勁老闆閘半落，人半彎，彷彿擔着一整間舖子地對我說，舖頭做到月尾，業主收回舖位，以後不幫你泡茶了。

剛才那碗冷茶原來現在才起作用，草青味在喉頭冒出來，胸口一陣冷一陣熱。呀，原來放涼了就苦，茶還是熱的好。

4.4 感冒史

| 文於天 |

一場崎嶇的感冒史
正從早上趕過更早之前的早上
我像地球上最古老的玻璃
必須透過距離
透進滿布塵漬的景觀
總是在接近生病的時候
才知道多一點有關生命的事情
從不被理解的那些事情如今
都變成了可以比喻的事物了
那是一碗苦茶，如今是藍綠色的黑夜
此刻我的確以為除了咖啡和勞累的精神
並沒有一種更深色的藥物
可以平伏、平分玻璃以外的景觀
那是一場快將老去的

感冒的盛宴。再進行更多的比喻

苦茶裏是一些昆蟲的甲殼

和許多互不相識的草木

它們的葉子捲起來，像菜市場上很多與聲音無關的豬耳

還有那些也許曾經飛過麥田的翅膀

如今已碎掉，沉於碗底

之後經過另一場更崎嶇的飛行

沉於我遙遠的感冒之內

更早之前的一個早上

六顆大小不一的藥丸放在桌子上

它們有不同的顏色

它們也有不同的重量和名字

它們曾經在我的身體內演變成一場風暴

席捲了所有不名的細部

我不能將自己以為熟悉不過的身體一一編號

當風暴進入第五區或第九區的時候

我能指出風暴之下的壯觀景象

而我不能。我與很多通過感冒病史的人一樣

不能命名和編號

從第一個玻璃杯到第二個玻璃杯

——從第一碗苦藥到

第二碗苦藥；如此的歷程

我能以樹的名字比如桉

來命名它所代表的風景

以竹蜂的一生來編輯消失的語音

或者以二十四種草木比如榕樹鬚、

蒲公英和金錢草

這是一場有關感冒的飛行

必須穿過黑暗的風沙

穿進叢林的火苗

濾光鏡一般的顏色正洗刷着

乾枯的藍天

那只不過是第一場飛行之後

最初的停頓

4.5 嬤嬤

| 黃小娟 |

小時候，我最討厭涼茶。它黑漆漆的，不像雜菜湯紅通通的可愛，反像一壺發臭的黑水，在碗上冒着白煙，向愛吃煎炸食物的小孩揮手，嬤嬤一聲號令：「喝掉它！」我們都不敢反抗，像垂耳的小狗乖乖地把黑水灌入腸胃，苦澀的味道在喉嚨打滾，我和弟弟都不知自己喝了什麼，可說是人生童年的陰影。

嬤嬤是我們家的老佛爺，所有的涼茶都是她親手掌管的。夏日炎炎，蟬鳴響亮，屋外的蘭花已綻放，連有毒的海芒果也開了小白花，黑蝴蝶在白花上開相親大會，來個黑白配。春夏，最惱人的就是蛇，行動快捷而性情兇猛的蛇是我們小孩最害怕的。可是嬤嬤竟赤着腳，在凹凸不平的石春泥路上穿梭，所謂打草驚蛇，嬤嬤說：「佢驚你多過你驚佢啊！」夏日的太陽像火燒般毒辣，嬤嬤在火燙的地上如履平地，氣定神閒。80 歲的她依然見步如飛，吸風飲露，與世無爭，彎腰拔一棵雜草，伸手摘一粒荔枝，不是問題。

她種的涼茶有很多，有的如蜘蛛網般藤起而生，有的樸實地覆地而長，反正它們都是綠色一片湖，在荒蕪殘破的棄置豬棚旁拔地而生，遠看像一張綠油油的浮牀，但又像恐怖的大蜘蛛網，不知裏面有多少珍禽異獸！但是，它們的樣子都差不多，記得有一次我自動請纓幫嬷嬷拔草，我不理三七二十一，一見綠色的物體就起勁地拔，好草壞草也堆在一起，興高采烈去領功時，才被嬷嬷大罵一頓，她心痛地說：「哎唷！我的蛇舌草都被你拔了！」她才仔細教導我：「葉細細的，矮矮的，就是白花蛇舌草，祛濕解毒，幾時都好飲！」我才知道原來那黑漆漆的，是白花蛇舌草茶，我討厭它！

炎炎夏日，我們愛吃黃澄澄的芒果消暑，可是一不小心多吃了，竟拉不出糞，屁股如火燒。嬤嬤又煮一大壺涼茶，可是陣陣的甜香傳了過來，究竟這次有什麼內裏乾坤？黑水依然惹人討厭，我戰戰兢兢地呷了一口，苦澀的味道隱約淡去，取而代之的是絲絲的甜味。我問嬤嬤：「為什麼蛇舌草變甜了？」嬤嬤說：「我今次下了蜜棗。」「蜜棗是什麼？」嬤嬤從殘破的木櫃拿出發皺的膠袋，打開它，它拿起棕色的子梅子說：「這就是蜜棗。」「原來這皺皺的果子就說是蜜棗，嬤嬤以後你要多下蜜棗，我喜歡蜜棗。」嬤嬤甜甜地笑了，露出缺了牙的太陽。

而我最喜歡的涼茶，就是那廣闊的藤蔓。它拔地而生，在鐵絲網架上左穿右插，今天向東，明天朝西，S 形的線條頑皮可愛，尾巴彎彎曲曲在風中搖曳。到了盛夏，綠傘子下結了一小點點小紅珠，珠上有一點小黑點，好像殭屍先生的眼睛，但我毫不害怕。我和弟弟摘了很多，打算作為 BB 槍的子彈。可是，計劃被女王發現了，嬤嬤逼我們交出贓物，原來那是「火藍燦」的種子，嬤嬤把種子放好，下年備用。我和弟弟最喜歡「火藍燦」，它沒有蛇舌草那麼黑，淡淡的棕色發出一絲絲的酸味，入口醒胃，好像檸檬汁的朋友，每逢大時大節後，嬤嬤總會煮一壺，讓大家消消滯。

嬤嬤太愛涼茶了，簡直就是一本《本草綱目》，所以我們屋外

總有一盤一盤植物在曬太陽。那黃色的草藤籮上放着一棵一棵綠色的小草。第一天，它們還是精神勃勃，矯健有力；可是過了兩天，它們就被太陽叔叔燒成微棕，瑟縮起來；一個星期後，它們屍身已發硬，全身被燒焦了一樣；過了一個月，胖胖可愛的小草已縮小幾倍，變成可憐弱小的灰燼一樣，已改名成涼茶了。但是，所謂集腋成裘，把它們集合在一起，放在放米用的袋子，袋子一下子被撐起來，好像充滿氣的氣球，抱着它軟綿綿的，發出沙沙的聲音，真是一個舒服的枕頭。裏面可是無數碗涼茶，夠解我一輩子的毒！

可是，好景不常，軍隊殺到了，政府收了我們的農地，我們被逼入住「風涼水冷」、「坐享海景」的新公屋。直角形的大屋地板光亮，燈火通明，我和弟弟再不用怕蛇草鼠蟻了。嬤嬤念念不忘那一袋袋枕頭，她的上格牀上是無數碗涼茶，姑姐說：「媽，我們不再住大屋了，不要的東西要扔了。」嬤嬤說：「扔什麼扔？全部都是寶來的，你懂什麼？」沒有人可以動她的寶貝，但她的寶貝又實在是太多。

不知為什麼，搬了家後，嬤嬤少煮了涼茶，因為年紀大了？因為不習慣？她不再煮涼茶，又不准我們扔掉陳年涼茶，她看着它們靜靜地待着，心中就有了一份依靠，彷彿家裏誰有事也可以立即找到靈丹妙藥。

長大後，一旦口腔潰瘍，我就去買一碗涼茶。地鐵站附近總有一間標榜天然的涼茶店，可是價錢可比上一個飯盒。走到街上，一間間陳年涼茶店相繼結業，在香港這種石屎森林，難道就容不下一絲古老的風味？最後，我去了街市買了一樽「百搭茶」，安撫我口中的酸痛。

我留了一半拿回家，嬤嬤喝了一口，她說：「難喝死了！」就回到牀上睡覺，她睡在下面，涼茶睡在上面，那麼安心，在屬於自己的小天地裏。

4.6 藥中風景

| 胡冠東 |

煤氣爐的藍炎穩定地保持着燃燒時的形態，在陳年的藥煲底部均勻地綻開。廚房內無風，各式廚具都安分守己：掛着的，不敢偏離垂直線；蓋着的，只敢偷偷透露一條細縫，向外張望着；疊着的，井然有序，剛被洗潔劑清洗過，龜裂的瓷面逐漸風乾。窗台一角，一個透明的玻璃瓶裏靜謐地供養着一棵墨綠色的葱。葱的根部浸在水裏面，飢渴地向四面擴張，以讓漸漸枯黃的頂端凋零得慢一點。陽光之下，瓶中水格外透明。一點點細小的植物組織在水中剝落，脱離了根部，然後以其獨特的姿態緩慢地浮到水面、又沉下去。它們是這裏惟一的流動的生命，以其悠然自得的姿態展示生的氣息，舞動的軌迹煞是好看，凝視下，會讓人莫名地入迷，彷如自海水中仰望律動的太陽光源，被一片燦爛包裹着，游離的海藻悄無聲息地交纏着，生命在這時刻顯得那樣純粹，卻又糾纏不清。

藥煲得到母親多年來悉心保存，尚算完好無缺，只是焦黑的部分比泥黃的還要多，箍着它的鐵線也已熏上一層焦黑色的外皮，細看下的確有點髒。歲月的痕迹可以是炭黑色的，洗也洗不掉。許多年前，在藥煲底燃燒的是枯木柴火。母親曾說，那時候的柴木，燃燒時有一股獨特的木香從曬乾的樹皮中飄出來。燃燒不同樹木的枯枝，木香也會有微妙的不同：有些柴薪能發出引起食慾的焦香味；有的能令人想起收割季節的稻香和着汗水味；有的在雨季時沾了些雨水，燃燒起來霹霹啪啪的，焦香味中更多了一份受過滋潤的木葉鹹香。

務農者日曬雨淋，某些月份疲於農事，特別容易患小病。那些日子，藥煲裏的涼茶就忙着翻滾，灶上總是藥香氤氳。涼茶藥方在村裏代代相傳，材料多不講究，由採集至曬乾成藥草，都只是簡

單三兩種田裏植物。藥材曬乾後皺巴巴的，那個模樣比年老多病的老農夫還要苦。由於是下賤的藥草，它們多是被隨意綑成一團丟到灶間某個角落。到了黃梅雨季，放在陰暗處的藥材容易發霉，待到陽光普照的日子便被找出來馬虎地洗一遍，洗掉霉點，再舖在竹籮子上晾一個下午，曬乾了，又可以在煲裏熬成一碗碗好涼茶，煎了又煎，苦味不重，藥性溫和。村裏人在炎夏幾乎是當水喝的，出門前倒入壺裏，可以喝上一天，在田間幹活時渴了，便把涼茶灌到嘴裏，那時的涼茶已經是茶水不分了，農人只知道要消暑下火，不要讓身體垮下來。

除了井，村裏人還有各種方式把雨水儲起來，譬如把一個個小桶置於屋簷下盛接流下來的雨水或露水，那些免費的水可以燒水做飯，還可以煎涼茶。母親曾一再強調外公的早逝，遺產就只夠外婆買一個新鐵鍋，一個新瓦煲。她自小便要與外婆相依為命，由於外公沒有任何農地留下來，她們便以其求生的動物本能四出覓食。有些途徑是難以想像的，譬如把豬農剛埋進泥土裏的，死於疾病的棄豬悄悄地挖出來，爽快利落地割下比較像樣的肉，藏進衣衫裏面，要格外留神被豬農發現，否則會被追打、臭罵。竄回家後把肉放進鐵鍋，母親從別家簷下的木桶偷些水，外婆把肉簡單燙熟了便和母親津津有味地吃起來。不乾淨的肉吃多了就容易拉肚子，甚至會大病一場，所以下賤的草藥倒成了家裏的寶，採自田野間，借陽光來曬乾，加入取自木桶的雨水，柴薪也是撿回來的，不用一小時便熬成數碗涼茶。外婆待涼茶放涼了，端到母親的牀邊，把她喚醒，餵她喝下，讓她好好睡上一覺。母親說，在她最貧困的童年記憶裏，外婆最貼心照顧她的情境便是如此，有時候，她甚至要裝病來討愛。長大後，那畫面也翻來復去地在睡夢中陶醉她：她躺在牀上發熱至衣衫濕透，迷迷糊糊間最依賴的，就是一股甜甜的涼茶香氣，她知道半句鐘後就會被外婆喚醒，想至此，淚水已忍不住歪歪地流下來。母親說到最後總是抱怨現在的涼茶好像都不及舊時的藥效好。

母親那段故事是我小時候的牀頭故事，後來我明白了為何家裏總是不缺涼茶。她每星期至少熬一煲，夏季，藥煲裏的涼茶更是特別滿。她總會多熬一些，用礦泉水塑膠瓶盛起後一瓶瓶整齊排放在冰箱側門，要我們口渴時多喝點，代替汽水啤酒之類的飲料。若然冰箱裏的涼茶放久了仍無人問津，她便可始埋怨了，說浪費她的一番苦心。父親是首先遭殃的一個。一直以來，母親都以一種強勢的姿態淩駕着父親，隨着年歲增長，此局面有增無減。而父親生性沉默寡言，多是默默忍受着母親的抱怨與嘮叨，他的瘦弱，微寒的背，還有高血壓、不時發作的關節痛風症等等疾病，彷彿是在無聲抗議。

帶有藥味的輕煙，開始自瓦煲蓋的小孔洩出，涼茶的氣味從廚房盪開來，此刻母親走進廚房看一眼藥煲裏的涼茶。我看着她的背影，只見她用長勺輕拌兩圈，蓋好瓦蓋，把藍炎稍稍調校至微火，在爐前站立半分鐘若有所思，像正向着涼茶祈禱似的。自從父親去逝後，母親的倔強與嘮叨就像一塊褪下來的蛇皮，被棄置在荒野的一撮枯草堆上，走遠了，也就遺忘了。她唸唸的埋怨一下子無處着落，索性與涼茶的渣滓一起沉澱到藥煲底。但她熬涼茶的習慣始終沒有擱下來。我常常在外吃晚飯，電話的另一邊，母親總是堅持告訴我煲裏留了涼茶，回家後記得喝一碗，早點回家。現在那個安靜廚房總是令人傷感，比起父親的忍氣吞聲，味更苦。有十多年的時間，家裏的廚房也曾經如此寧靜過，那段年月，父親在外地幹活，婚後未曾與母親長時間同居，一年才回來三兩趟。後來他回來定居，才發現與母親相處不太融洽。每天傍晚時分，廚房定會傳出母親煩悶的嘮叨。往後直至他離世，一直也沒有與母親同睡一房。一天父親證實患了喉癌，母親悶不作聲，嘴裏說不出埋怨的話，我只是曾聽她唸唸有詞地怪責說，若以前多喝點涼茶，就不會患那病了。

從未想過父親的生活一下子變得如此依賴母親。最初他還堅持一個人到醫院接受化療，然而療程的副作用很快便令他舉步維艱，咽喉的組織也日漸壞死，他不得不依靠一條由鼻腔連接胃部的塑膠管子來進食流質營養液，身體迅速消瘦至佝僂嶙峋的模樣。脖子的皮膚也開始腐爛，碰上寒冷多雨的冬季，他哎哎喲喲地痛得難以入眠。母親每天夜裏都要為他更換沾滿血絲與膿水的藥布。父親好不容易才捱過化療的折騰，腫瘤真的消失了，身體卻瘦如柴，頸上的腐肉短時間內難以痊愈。他的房間內充斥着一股腐臭味。母親工作的地方離家只有十分鐘路程，她每天匆匆把午飯倒進胃囊，趕回家裏餵父親吃止痛藥和營養液。這樣的日子持續近一年，父親脖子上的傷口愈合了，無奈身體抵抗力提升不了多少，後頸患上帶狀疱疹，神經線的疼痛令他捂住後頸叫苦連天，止痛藥一刻不能停。連醫生也覺得奇怪，都一年了仍不能吞食物，咽喉肌肉退化至幾乎不能活動的地步，說話也含糊不清，寡言的他變得更不願說話。那條伸進胃囊的管子已經像蚊子的吸管一般，成為父親的第二個口，一口一口地吸吮着什麼似的，好讓他能勉強生存下來。

有一次，我因身體不適早了回家。父親挨在沙發上睡着了。母親似乎到了菜市場去。廚房洋溢着涼茶的苦味。我揭開藥煲蓋子，只見涼茶仍是暖的，藥材渣滓都棄在旁邊垃圾箱裏頭，一大堆的怪難看。煲裏的涼茶濃如墨汁，我嚐了一小匙，苦苦的並不是過往喝過的味道。我開始懷疑這茶到底是熬給誰喝，走到父親身邊細看下，果然發現吊瓶裏還有半滿的涼茶，正悄悄地沿着塑膠管子流

進父親的胃裏。那刻我才知道，母親一直都沒有理會勸告，堅持着給父親喝涼茶……他逝世當天，我們趕到醫院時已被告知心跳停頓了。母親看着病牀上那副皮包骨的軀殼泣不成聲，扶着牀沿勉強站着，自言自語說，他這輩子為人那麼好為何臨終前要受那麼多苦。在母親心中，他其實是一個好丈夫。

往後有一小段日子，母親生怕我也會患病似的，熬涼茶的次數比以往更頻密。有時候我入神地凝視着大碗裏的涼茶，平靜的表面下是看不透的漆黑，它既是飽含植物能量的茶水，又是浸泡過植物屍骸的混濁的水。對母親來說，它卻是來自田野的大地恩物，是一道四季分明看也看不盡的風景。對於我，它是記錄着關係的一幕幕寫實映畫。記得有一次我聽見母親對着電話聽筒哭訴，父親這一年多到底是不是衝着她索債，要她每天疲於照料，無日無月。掛斷電話後，她拉着雙腳軟弱無力的他，如常一小步一小步地走進浴室幫他洗澡。我看着父親的背影顫顫巍巍地跟在母親背後，一隻茶褐色的手掌，無力地藏進了母親的掌心，宛若一小撮曬乾的涼茶草藥，被她輕輕握在手裏頭。那根吊在他鼻前的塑膠管子隨着兩人的步伐左搖右晃，像鐘擺，又像臍帶。看着，就有一份感慨。愛與被愛的課題，原來在年和月中可以熬出關係的底蘊與苦澀。

4.7 從金銀花到羅漢果
——貫徹學生為本教育一學年

|布正峯|

「過來喝涼茶！今次加了很多冰糖！」小李媽媽遠在廚房呼喚小李。她一直認為，小李所以不喜歡涼茶，是因為苦。

李宅所説的涼茶，其實就是金銀花、白菊花。這涼茶微苦，不回甘，且有一種獨特的花香留在喉嚨裏持久不散。世間上，暫有兩種已知的味道會令小李有眼眶變紅、唾液分泌激增等作嘔徵狀，一是鯇魚的魚腥，二是金銀花的草腥。小小李礙於詞彙不豐，又不長進，每次喝涼茶前後，只懂喊苦，乖乖地喊了廿幾年，倒未曾試過真的不喝。折衷的做法，是把熱騰騰的涼茶名副其實地放涼了，才牛飲，然後吃粒糖，自我實現苦盡甘來的大道理。但由於家裏經常沒糖，所以更多時候他會去洗手間喝李斯德林。

不過，今天小李鼓起勇氣，給媽媽一個顛覆極權的答覆：「不喝，每次喝完都生暗瘡！」

「胡說！」小李媽媽聞言甚怒，「涼茶清熱。才不會生暗瘡！」一邊說，一邊走進小李的房間，看見小李像駝鳥般伸長脖子，眼角膜像蝸牛般黏着熒幕。她一直認為，小李所以不喜歡涼茶，是因為電腦遊戲。

小李被對方壓在塔下吃不到兵而打野的隊友又不來幫今天又未首勝[1]令他倍覺焦躁，沒心力向媽媽詳細解釋「喝涼茶，生暗瘡」，不是胡謅的藉口，而是堅實的科研結果。為了這個結果，他已經做了廿幾年臨牀測試，比中國社會科學院的研究合理十萬倍左右[2]。

面對上千年的中國傳統智慧和媽媽的權威，小小李從來都沒有懷疑涼茶的功效，況且喝完也沒有暗瘡可生。直至他唸中學，很

青春，考試熬夜，長暗瘡長得特別兇的時候，他才開始主動叫媽媽煮涼茶給他喝。每次喝完，暗瘡都脹得更厲害，但他也只會怨自己，「哎，應該一早叫媽煮，打打底。」上年，小李考進大學，讀數學，才逐漸鍛煉出獨立的思考和科學的精神。就好像畢達哥拉斯（Pythagoras）將「大地」和「圓球」、達爾文（Darwin）將「人類」和「猴子」拉上關係一樣，小李開始將「暗瘡」和「涼茶」拉上關係，合該被放火燒死。

廿幾年來，小李媽媽從不間斷地給李家四口煮涼茶。她認為，若不是她的涼茶，全家都是張學友[3]。因此，小李若否定涼茶的功能，就是否定媽媽煮涼茶的畢生貢獻，令她傷心，但長此下去，一年喝幾劑苦口毒藥，總得有個了斷。於是，小李輸掉一局之後，便狠心關掉遊戲，嘗試上網找資料説服媽媽。

小李發現 Google 有 2,000,000 個關於涼茶的搜尋結果，來勢洶洶。而首頁次篇，題為「陰虛飲涼茶難解毒」，內容赫然便説「陰虛者進食後暗瘡反會加劇」。看似大海撈針之事，得來竟然全不廢功夫。接下來只差證明自己是陰虛體質。

文章沒説明何謂陰虛，於是小李便去搜尋「體質」，得出 18,600,000 項結果。經小李一輪考查，他「愛吹冷氣，喜熱奶茶，臉色枯黃，多油多汗，痰多易渴，做運動時體力充沛，讀書時則疲倦嗜睡」的特性，估計是寒、熱、虛、實、燥、濕的混合體。中醫有個學名給小李這種體質，叫「複合體質」。小李看資料看了整整一個時辰，得出這樣有建設性的結論，感覺也很複合。這種感覺，每天乘地鐵看《都市日報》百搭星座運程的時候，就會有。

小李連自己也說服不了，只好慷慨就義：「媽，我喝啦。喝完真的會生瘡，隔天給你看看吧。」然後便乾了。如果你稍為唸過中國歷史，會知道這叫「死諫」—— 一種以死明志，感動昏君的方法。往後半年，小李又死了三次之多，每次小李都會撥開頭髮，以暗瘡，感動上蒼。

小李媽媽再沒煮金銀花給小李喝了，轉而製作清肝茶、五花茶等涼茶。多年之後，唸數學的小李變成教數學的小李，每天早出晚歸，一星期幹足六天，理應肝火大盛，但小李對極苦的清肝茶還是敬而遠之。五花茶，也是放涼了才肯灌。要小李用兩句話形容它們的話，就是「味道不可口，功效不顯著」。惟有羅漢果水，冬天熱飲，夏天冰飲，吃飯時用來做湯飯，做湯時用來煮蘿蔔，小李都照飲不誤，飲完再添。這大概是因為他上課時放聲罵人的時間太長了，得潤潤喉，再罵。小李甚至叫媽媽別再煮清肝茶、五花茶，煮羅漢果水就好。

終於有一款黑黝黝的飲料備受欣賞了，小李媽媽很樂意煮，但美中不足的是，她認為羅漢果水甜而不苦、又不用加任何中草藥煮，根本沒有醫藥用途[4]，不算是「涼茶」。她煮涼茶的畢生貢獻，也變相被小李否認了。苦口良藥，可口非良藥。如果小李媽媽唸過中學數學，她會知道自己犯了「If“A to B”, then“Not A to Not B”」的邏輯錯誤。

因果循環，報應不爽。幾乎在同一時期，學生們也否定了小李數學教學的貢獻。事緣，今年他到了一間藝術學校教數學。這間學校，有三成學生是因為喜愛藝術而來的，另外七成，是在334學制中潰敗的逃兵。如果兩者真有共通之處的話，那是他們大都發過毒誓不學數學。數學老師們再勤力，也只能迫出怨毒，迫不出成績，連校方都計劃來年將數學科改為選修科算了，顧不得數學老師有機會丟飯碗，真真正正是以學生為本。

小李深明數學對藝術創作的益處，學生只要肯下一點苦功，是不難感受的。如果一班之中有一個學生願意聽的話，他就願意講。但由於他的非精英班裏真的連一個也沒有，所以小李決定貫徹學校以學生為本的教學理念，反正也無法禁制他們在桌下偷雞摸狗：「想聽數學就聽，不想聽的話，你們可以做任何不需電子產品、自閉的事情。畫畫看書，做手工，做功課，統統都行。最重要的是你們能夠充實學習。豐富一下你們的作品集，將來升讀藝術大學也是好的。」豈料，好的不靈醜的靈，這個學年，學生們大抵上都在偷偷地玩神魔之塔和 Battle Run，跟鄰座鬥高分。

中醫書説，身體缺什麼營養，舌頭自然會告訴我們。我們覺得好吃的東西，很可能就是良藥。這對小李來說應該是對的，可惜現在是一個充斥着雪糕和炸雞脾的、壞人胃口的年代。

1 電腦遊戲《英雄聯盟》術語。全球有過千萬名活躍玩家，香港也有不少中青年沉迷其中。遊戲鼓勵玩家每天至少贏一局，是為「首勝」，賺取雙倍分數。

2 中國社會科學院於 2014 年的研究報告，珠海已取代香港成為中國最宜居的城市。同一時間，大陸每年有 2000 多萬人次的內地客，來港購買安全的尿片和奶粉。

3 不是指張學友美麗的歌聲，是指他的「橙皮臉」。

4 羅漢果，性味甘涼，歸肺、大腸經。清熱潤肺，滑腸通便。用於肺火燥咳，咽痛失音，腸燥便祕。羅漢果水，涼茶一種。

我哋涼茶
係正嘢

5 香港人・物：隱於山中的植物高人

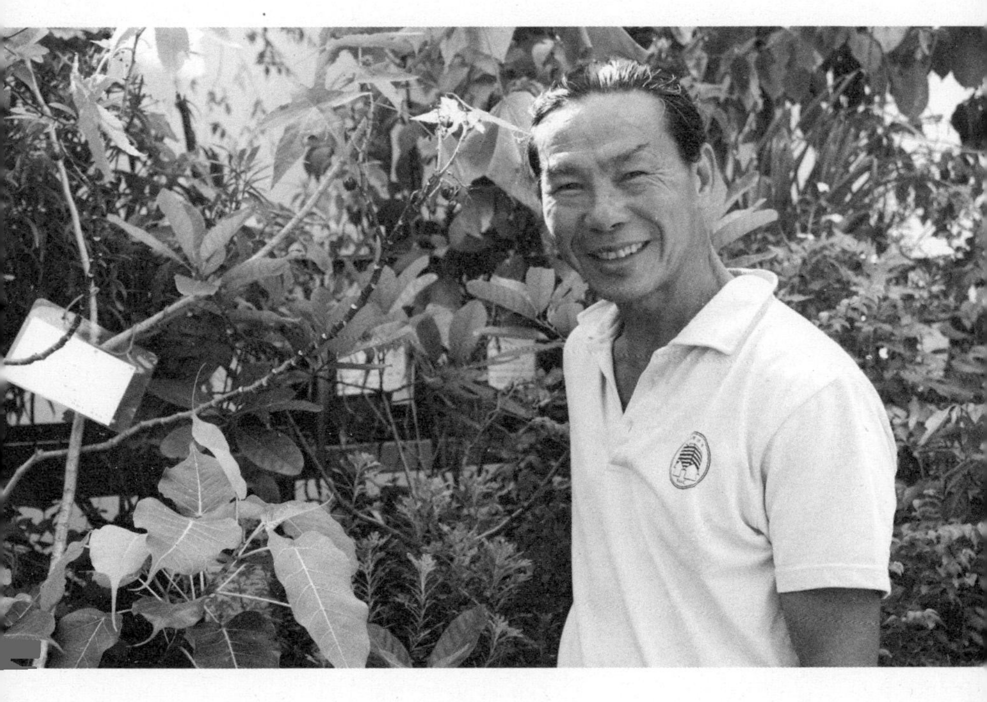

- 同場加演：香港深山的隱世花王
- 上山採藥。涼茶係正嘢呀，但你亂採亂用就是毒。
- 關麗珊就很懷疑現代人怎麼想到「吃」蘆薈。
- 胡秀英教授指出，香港山頭經常找到的……是有毒的。
- 涼茶是正嘢，也可以種，如果有興趣就此轉行種植自定涼茶草藥。這本書算是引起讀者興趣，其他的，概不負責。
- 鄰舍輔導會怡欣山莊
- 地址：新界沙田亞公角山路 45 號
- 怡欣山莊是一座綜合康復中心，為弱能人士和肢體殘障人士提供日間訓練及住宿服務。

香港人・物：

隱於山中的植物高人

｜程思傳｜

沿亞公角山路走上，遇見的人不多，只有路旁好幾棟疏落的建築，生氣卻來自山頂處的白色建築。行至盡頭，是鄰舍輔導會怡欣山莊。打開鐵門，走上一條白色的樓梯，轉角是一個小小花圃，沿路而入，豁然開朗，兩旁栽滿植物，排法卻參差不齊，高低錯落，

驟眼一看，也可說是有點凌亂。循小徑緩步而行，各種顏色的花，或大或小，開滿一路，用手撥開植物，甚至有偶然遇上「驚喜」。

這別樹一格的綠欣徑，是花王「華哥」姚見華一手打理。在嘉道理農場的支援下，他把花圃重新策劃。經過五年時間，終於打造成今日這條融入自然生態的步道。

「花王」的自然哲學

眼前的華哥，紮著馬尾，皮膚黝黑，活脫脫是一個在太陽底下幹粗活的大男人；不過，他對植物卻有一種細緻的溫柔，融匯經驗與知識，蘊釀其自然哲學，讓植物回歸「自然」。

小時候，他住在青衣，家人是務農的。自小成長在大自然中，對植物產生濃厚的興趣，不用老師督促，自動自覺涉獵有關植物、自然、中草藥的知識，是一個不折不扣的「植物人」。後來，他做過山寨廠、工程，工作與植物完全扯不上關係，卻對大自然念念不忘。別人放假休息，他卻報讀有關生態、中草藥的課程，利用工餘繼續研究，甚至當上業餘導賞員。幾經考慮，他下定決心辭去工作，放棄相對豐厚的收入，轉職到機構做花王。

在一個沒有生態的環境下，嘗試營做出生態景觀，是華哥一種無為而治的哲學。當生態景觀成為一科專門學問，很多人對花圃有着刻板的要求 —— 在有限的空間裏，種滿各式各樣的植物，排列整齊富層次，周圍乾淨而企理，是一個兼容自然與人工的範圍，華

哥卻自有別一套見解，綠欣徑正是這哲學模式的模特。與外間着眼於美觀的花圃不同，綠欣徑任由植物自然生長，不刻意追求美感，是一個意圖以「樸門（永續農業）模式」運作的小花圃。經過五年不斷的改良，綠欣徑可說是自成一家的小型生態系統，有植物、有水、有昆蟲，甚至有動物。

為了模仿大自然的環境，華哥「一年只是落肥一至兩次」，平日只用枯葉當肥料，免得肥料太多改變植物的形態，和泥土的酸鹼度；同時，儘量不放農藥，利用相生相剋的原則，以天敵的模式，減低植物被蟲蛀食、受感染的問題。

花圃少不免人工化，華哥卻堅持減少干預。他提到，花圃起初

有一個種植睡蓮的膠盆，後來變為蝌蚪的聚居地。縱然睡蓮全被蝌蚪吃掉，他卻從不插手，讓蝌蚪在這裏生活，長成青蛙。現時，在花圃寄居的，還有黑斑蟾蜍和斑腿泛樹蛙兩個品種的青蛙，牠們平日喜歡躲藏在植物的葉下，偶爾露面一次。

在講求人工美學的城市花圃中，除去小昆蟲的人手干預似是常識，但這裏的花圃則以自然模式打理，容讓蜥蜴、青蛙存在。這一個天然而成、不帶人工痕迹的小園，華哥理應算是達成目標？華哥搖頭否認，坦言「與期望還有距離」，仍要繼續改進。

中藥，一種民間智慧

很多年前，因香港準備承認中醫的地位，大學紛紛開設中醫科，設置草藥園；這山莊沒有中醫服務，也沒有中醫學生，卻設有一個小型的中藥園。華哥提到，上一代曾在中國開藥材舖，叔叔也曾在香港經營中草藥生意，以致他鍾情植物之餘，也研究中藥，甚至曾經參與香港幾個中草藥園的建設。從前累積的經驗，有助他打理這個花圃，有的草藥更是他特意上山採集，移植栽種。

在城市種草藥，好像格格不入，不太適切，華哥卻說並不困難，「有些草藥都是很粗生，單用花盆就能種植」，只是事前需要稍作篩選。現時，很多被視為花卉的植物，本來就是中草藥，只是功能不夠顯著，又或葉色斑爛，外觀吸引，漸漸被人當作花卉出售。久而久之，甚至遺忘其最初的身分。

門外漢總把中草藥混為一談，但是華哥強調中藥與草藥是有所不同的。草藥是指一般民間用藥，若要升格為中藥，必先得到醫生郎中的肯定，再向省、國家提議。待國家承認，收錄在國家的藥物大典後，該草藥才能正式成為通行全國的中藥。就如冬蟲草早年只是尋常草藥，不是特別名貴，擢升為中藥後便升價10倍；又像半支蓮，本是普通的草藥，被指有抗癌功用後，也一躍成為中藥。

環顧中草藥的市場，每隔一段時間，就有一種植物被推廣，視為最新的流行，被人大量搶購。直至熱潮過去，又或藥品被檢驗出問題，用家才恢復理性思考。例如，多次被人追捧的蘆薈，是大眾眼中的健康食品。依中國早期醫案，蘆薈本是醫治瘡癬疥癩，治療一些皮膚過敏之類。華哥指站於中醫的立場，既然蘆薈被納為藥物，正所謂「逢藥三分毒」，就不應當作日常家庭食物，更遑論是健康食品或甜品，經常服用。

他說，每一種藥都有其特性、功能，會改變服用者的身體質素，削弱了某一種功能，也可能含有副作用，有的是即時反應，有的卻是隱性，直至患上其他病症時才察覺當中的影響。所以，服藥必須考慮針對性的，不是閒時服用，就能強身健體，這樣反會禍從口入，影響身體。

在華哥的眼中，中藥不是用以拿沙紙的專業，反是一種大眾智

慧，若是稍為認識，能夠助人調理身體，更是人與自然的共融和依賴。正因如此，綠欣徑一隅，闢了一片小小的土壤，栽種着不同的中草藥。

被低估了的飲料，涼茶

提到一般民眾最常接觸的中藥，一定要數涼茶。涼茶給大眾的印象，由最初放在涼茶舖外擺放，數塊錢買一碗的苦茶，到經過多間公司的品牌包裝後，變成可以人手一支的樽裝健康飲品。而且，飲用涼茶，無須再像從前站在涼茶舖門外，誓神劈願才能喝完，然後迅速離開；現在的樽裝涼茶，連超級市場，又或便利店都能買到，也有各款的罐裝樽裝涼茶，方便隨時飲用。這些樽裝涼茶，價錢不高，易於携帶，成功顛覆了很多人對涼茶的負面印象。然而，比起方便，華哥寧願花時間煲自家涼茶，「始終樽裝的與傳統涼茶有分別。」

一直以為，涼茶是健康飲品，任何人、何時都能喝，而且多喝無妨。華哥提醒，這是常見的錯誤想法。涼茶分不同屬性，有的是寒性，如崩大碗，有的是溫性，有的是中性。飲用以前，應該先了解自己的體質，依據情況，再選擇適合自己的涼茶，不是聽見「涼茶」，就以為有益。

同時，有如食物，涼茶也有分季節性。可惜的是，這種文化知識漸漸消失，尤是樽裝涼茶普及以後，很多涼茶彷彿變成四季飲品，夏天飲用的夏枯草、酸梅湯，在冬天同樣大受歡迎。在大潮流下，華哥卻主張一個最基本的原則：植物在哪季節生長，就是適合那時飲用，不時不食。「如果合時合理地，吃該時候生長的植物，對身體才有幫助。」然而，違反自然定律，雖未說對身體有害，但它們未必能發揮適當功效。這種順應天然的養生之道，又與他闢的生態園一樣，出於自然，配合自然。

訪談時，正值大熱暑天，從花圃的植物談到中藥，再談到涼茶。華哥特別沖調了洛神花茶，清熱解渴，清心降火，正是從自然取材，調理身體，是一種順應自然的智慧。現在，很多人眼裏的自然有着人工化的色彩，中藥涼茶是樽裝的，違反了本意。然而，華哥一如既往對植物生態、中草藥抱有一種哲學。

在城市寧謐的山頭，遇上對自然、中草藥有深入研究的華哥，開闊了對涼茶的眼光，是難得的經驗。自此，涼茶不再限於五花茶、廿四味這堆熟悉的名字，而是隱藏在背後博大精深的知識，以至文化。

訪問之中，華哥提過多種植物，有的尋常如薄荷、桂花，有的相對陌生如魚腥草、紫蘇，各有特色，各有功效。

薄荷：　有20多種，而且不斷有悉心調配的新品種。有的是自然配，有的是特意配，具有辛辣感、涼感、提神作用。大部分薄荷均具有特殊的芳香，如蘋果薄荷、柳橙薄荷。除了可沖水飲用外，薄荷亦是中草藥。

桂花：　又名九里香，以花、果實等入藥，能醫治痰飲咳喘、牙痛、口氣。時至今日，現在多被視為花卉觀賞。

梅：　以近成熟果實、花蕾入藥，果實用於治療肺虛久咳；花蕾能治肝胃氣痛，現在多被視為花卉觀賞。

茉莉花：原產於印度，以花、葉、根、茉莉花的蒸餾液入藥，主治腹痛，目赤腫痛，瘡瘍腫毒等病症。亦是著名的花茶及香精原料。

糯米草：以帶根全草入藥，又名糯米藤。具清熱解毒、健脾、具止血功效。葉背能夠黏附在大部分衣物上，卻又能輕易撕下而不留痕迹。

石黃皮：以根莖、葉或全草入藥，中藥名稱為腎蕨。有清熱利濕，通淋止咳，消腫解毒的功用。若用於插花，則被稱為排草。

魚腥草：以帶根全草入藥。有利尿，抗病毒，抗菌，提高免疫力的功能。主治病毒性肺炎、痢疾。具有魚腥味，亦可用作驅痰。

紫蘇：屬於薄荷科的植物。以葉、帶葉小軟枝入藥，又名紫蘇葉，主治風寒咳嗽、噁心嘔吐；以果實入藥，又名紫蘇子，主治咳嗽氣喘、腸燥便祕；以莖入藥，又名紫蘇梗，主治胃氣滯、水腫腳氣。亞洲國家，如中國、日本、韓國、越南飲食藥材上都會使用。既有爽口去腥作用，也含清毒用意。

參考網站：浸大藥用植物圖像數據庫

後記

| 黃嘓坤 |

文化的抵觸與調和

《歲月神偷》是香港少有的電影小品，平凡之中又有讓人細嚼出的情味。有兩個場景，印象比較深刻。一幕，男主角還是小孩的時候，每年中秋節，做鞋的父母，為了要送禮給西幫辦，從年頭開始便供月餅會。男主角也很喜歡吃月餅，但因為要應付警局，他從不曾一個人吃過一整個月餅，於是，小小年紀的他，竟然自己供了半份月餅會。另一幕，他的哥哥是高才生，可惜得了難治之症，長期住在醫院，他需要一種針藥，但除非家人送來針藥費，否則醫院不會為病人注射。

這兩幕，抗戰後從大後方逃來香港的華人，一點也不陌生。他們是第一代的香港移民，在香港落地生根，適逢英人治港，這種殖民統治時期的生活點滴，要說，大家都有一籮筐。

與英國人相處，説難不難，説易不易。總之是金錢掛帥，偏偏當時的人大都姓莫名財。如果沒有明說的，便看着辦，油水一定要「揩」的，多與少有時可以商量，認真困難時便通融。如果明説了，便沒有轉彎的餘地，因為已經上了馬路。百多年下來，香港人與英國殖民政府好像老夫老妻一樣，都摸着對方的脾性，有時吵嘴抬槓，互不瞅睬，但好歹還是捆綁在一起生活下來。在磨蹭的歲月裏，香港人練達了一種獨門生活方式：游走於英國文化與中國哲學之間，在難與易中找縫插針。拳來腳往之間，可能你不相信，地頭蟲也有勝算的，英國人亦沒奈何。

正如關麗珊在〈港式涼茶庶民史〉所描述：

早期的華人不能到醫院求診，直至1872年東華醫院成立，華人才可以看西醫。不過，普羅大眾沒有餘錢光顧西醫，日常生活就以涼茶為保健。

當年的華人以户外體力勞動為主，比方説，在街市叫賣、拉人力車和搬運等，香港人稱為「咕哩」，即是苦力。他們身體強健，每天日曬雨淋的從事體力勞動，有時外感發熱、四肢無力、腸胃不適等，由於沒有錢求診，他們會去飲杯廿四味，或買包廿四味回家自煮飲用，通常發汗休息後，就可以痊愈。……

香港本土人口從來不多，直至上世紀50年代，大量移民湧入香港，政府一下子無法應付人口膨漲帶來的住屋、醫療、教育和就業等需求，在醫療不足的情況下，普羅大眾繼續以涼茶保健和治病。(頁84-85)

早年，英國人非常稀奇廣東人的身體構造，奇怪他們為什麼百毒不侵，即使患病，也很快康復。相反，英國人並不適應廣東沿海的潮濕悶熱，他們來到香港很易生病，甚至死在路上。因此，在香港的英籍人，喜歡與華人隔離，以為會從華人傳染病菌。

其實，華籍香港人的保健方法，有一半是給英國人逼出來的。

關麗珊又說，人的體質會變，隨着你的生活習慣和環境而慢慢改變。涼茶文化也是一樣。最初，涼茶是廣東省人民免費的茶藥，有病醫病，無病保健。我有一位近親，感冒頭暈，他不是去看醫生，而是自行上山採藥，製成涼茶飲用。有時好奇問他，你不怕中毒？他說不怕，人是天生天養，何況這些是涼茶藥，藥性溫和，已經得了多年的驗證。不過，近年他說山上已無藥可採。可見，上山採藥在香港十分普遍，個個都是神農氏。

神農氏又不稀罕揚名立萬，不同地區的人又有獨門祕方。西醫

有西醫的道理，但西藥昂貴，後來即使香港經濟起飛，人民生活改善，西醫普遍，涼茶更加普遍，不上山採藥了，開始有包裝涼茶，或者花費五角在樓下涼茶舖飲碗金銀花。英國人不喝，但政府也沒有來禁。

跟其他行業不同，這個行業英商沒本事參與。後來，涼茶業因利成便，學了英國人一套營商推銷，把涼茶現代化，在地鐵站，在超級市場，香港華人都很方便買到新式涼茶；更神奇的是，傳統涼茶舖並沒有因此被取代和消失。

如果從意識形態方面想深一層，涼茶很能代表50、60年代的香港人。中英文化的抵觸，你說最後誰站得住腳？中英文化的調和，你認為誰發揮得更美妙？

盡在不言中吧！

民間智慧的沉積與沉澱

讀書的年代，哲學十分流行。我唸中國文學和歷史，而中國哲學仍是必修。讀哲學十分過癮，遇到某個難纏的學派例如名家，大家亦不用不懂裝懂，也可以隨便發表一番不負責任的言論。我沒有意思低估哲學的價值，但有時想不通一個問題，鑽進牛角尖的時候，就算是老子也幫不上忙，他只能跟你說「玄之又玄」。到了這個時候，往往最能安慰我的，就是一句「船到橋頭自然直」。

船到橋頭自然直不是哲學，而是常識。大部分人生活其實都是靠常識來度過的。

何謂常識？用馬克斯韋伯（Max Weber）的說法，就是生活中持續除魅的過程，一步一腳印的，忍受一切，無懼錯誤、不足和矛盾，允許修改。經過持續而漫長的過程，常識便產生了。跟科學研究精神十分類近。

涼茶對去祛除濕管不管用，人言言殊。飲涼茶是迷信還是常識？肯定是常識，它是民間智慧的沉積與沉澱，完全乎合常識累積的條件。

而沒有對常識累積的興趣和毅力，人類文明根本不能往前進。胡秀英教授看見《聖經》記載「一粒芥菜種，有人拿去種在田裏。這原是百種裏最小的，等到長起來，卻比各樣的菜都大，且成了樹，天上的飛鳥來宿在它的枝上。」（太 13：31-32）當時胡秀英教授並沒有理解這段述敘的常識。後來她寫道：

到今夏我才能有較合理的了解。生長在温帶農村的我，攀登過川康13,000英尺的高山，也走遍了華南廣闊地區，研究植物生態，卻從來沒見過芥菜長成樹的現象。因此，我以為上面引用的經典，都是比喻。1994年5月由香港飛倫敦轉希臘，然後乘船到一個地中海的小島去，船離碼頭尚有兩英里，速度減慢。遠望岸上黃花如牆，很像哈佛大學樹木園山坡的連翹（Forsythia）。上岸後才發現，地中海沿岸野生的芥菜，開花時很像北歐的掃帚豆（Scotch Broom），高三數尺，一片金黃。更有啟發性的是，有一天我在村旁屋後人煙稀少的地方，看見幾隻小鳥，在野生的芥菜枝上，剝食每個碩果的種子。當時我忽然明瞭「飛鳥在芥菜枝上」的真實性。（頁55）

芥菜是辛辣植物，沒有結果之前，天空的飛鳥既不落在它林上，也不躲在它蔭下。芥菜粗壯了，結果了，飛來的鳥雀數不清。有的來分享，有的來取得精神的安慰。（頁61）

我對「有的來取得精神的安慰。」一句特別感動。

後來，胡秀英想到幫助中國人改善生活的方法，就是累積常識。她不辭勞苦，攀過無數的山頭，採摘萬計的標本，一一記錄和陳列。

中國人最為人病垢的，是缺乏科學精神，事事差不多。涼茶藥絕對違反中國人的常規，上山下海，千錘百煉，以身試藥，因對應生活而累積涼茶常識。即使並不真的提神去病，至少，這種共有的民間智慧也讓中國人引以為傲。單單捧起一碗涼茶，也能「取得精神的安慰」。

情感的轉移

伊比鳩魯（Epicurus）曾經說過，哲學家的論證若無法有效治療人類的苦難，這樣的論證是沒有價值的。若是無法解除身體上的疾病，醫學可謂毫無助益；同樣地，若是無法去除心靈的苦難，哲學亦是毫無用處。

大家都認同，中國人是一個經歷許多苦難的民族，然而難關難過關關過，苦難愈多，他們想出來捱過苦難的方法也愈多。其中，涼茶就是用以捱過苦難的一種療方，因為它有情感轉移的作用。

她自小便要與外婆相依為命，由於外公沒有任何農地留下來，她們便以其求生的動物本能四出覓食。有些途徑是難以想像的，譬如把豬農剛埋進泥土裏的，死於疾病的棄豬悄悄地挖出來，爽快利落地割下比較像樣的肉，藏進衣衫裏面，要格外留神

被豬農發現，否則會被追打、臭罵。竄回家後把肉放進鐵鍋，母親從別家簷下的木桶偷些水，外婆把肉簡單燙熟了便和母親津津有味地吃起來。不乾淨的肉吃多了就容易拉肚子，甚至會大病一場，所以下賤的草藥倒成了家裏的寶，採自田野間，借陽光來曬乾，加入取自木桶的雨水，柴薪也是撿回來的，不用一小時便熬成數碗涼茶。外婆待涼茶放涼了，端到母親的牀邊，把她喚醒，餵她喝下，讓她好好睡上一覺。母親說，在她最貧困的童年記憶裏，外婆最貼心照顧她的情境便是如此，有時候，她甚至要裝病來討愛。長大後，那畫面也翻來復去地在睡夢中陶醉她：她躺在牀上發熱至衣衫濕透，迷迷糊糊間最依賴的，就是一股甜甜的涼茶香氣。(〈藥中風景〉，胡冠東，頁 121-122)

而我最喜歡的涼茶，就是那廣闊的藤蔓。它拔地而生，在鐵絲網架上左穿右插，今天向東，明天朝西，S 形的線條頑皮可愛，尾巴彎彎曲曲在風中搖曳。到了盛夏，綠傘子下結了一小點點小紅珠，珠上有一點小黑點，好像殭屍先生的眼睛，但我毫不害怕。我和弟弟摘了很多，打算作為 BB 槍的子彈。可是，計劃被女王發現了，嬤嬤逼我們交出贓物，原來那是「火藍燦」的種子，嬤嬤把種子放好，下年備用。我和弟弟最喜歡「火藍燦」，它沒有蛇舌草那麼黑，淡淡的棕色發出一絲絲的酸味，入口醒胃，好像檸檬汁的朋友，每逢大時大節後，嬤嬤總會煮一壺，讓大家消消滯。

嬤嬤太愛涼茶了，簡直就是一本《本草綱目》，所以我們屋外總有一盤一盤植物在曬太陽。那黃色的草藤籮上放着一棵一棵綠色的小草。第一天，它們還是精神勃勃，矯健有力；可是過了兩天，它們就被太陽叔叔燒成微棕，瑟縮起來；一個星期後，它們屍身已發硬，全身被燒焦了一樣；過了一個月，胖胖可愛的小草已縮小幾倍，變成可憐弱小的灰燼一樣，已改名成涼茶了。但是，所謂集腋成裘，把它們集合在一起，放在放米用的袋子，袋子一下子被撐起來，好像充滿氣的氣球，抱着它軟綿綿的，發出沙沙的聲音，真是一個舒服的枕頭。裏面可是無數碗涼茶，夠解我一輩子的毒！(〈嬤嬤〉，黃小娟，頁 116-117)

就在半個月前的晚上，我應酬夜歸，內地來的老總把吃完吃不完的也點，想像過或未想像過的都要，餐枱上是一城的狼藉與恐慌。後來從佐敦乘紅頂小巴回到葵興已經 11 時多了，走過那

人稱勁老闆的陸金龍涼茶舖，我躊躇着，喉頭火燒，胃海翻浪，勁老闆邊仔細拭抹六條金龍邊瞟一瞟，問我買唔買，唔買收工喇。我就是想要買點東西撲火，但坐下了又不知要喝什麼。勁老闆沒有理會我，逕自走入店後，不一會，端來一碗墨色得深不見底，白煙直冒，不知稱作茶還是湯的飲料，放在我跟前。勁老闆說，對你好，飲啦，當然，要收錢的。(〈冷熱之間〉，李日康，頁 108)

不過，還是熱喝的好。老闆說。茶，放涼了就苦。因此，他又重新泡了一碗熱茶給我，我追問茶的品種，他還是那句，伯爺留落，他也不知道。

……勁老闆閘半落，人半彎，彷彿擔着一整間舖子地對我說，舖頭做到月尾，業主收回舖位，以後不幫你泡茶了。

剛才那碗冷茶原來現在才起作用，草青味在喉頭冒出來，胸口一陣冷一陣熱。呀，原來放涼了就苦，茶還是熱的好。(〈冷熱之間〉，李日康，頁 109-110)

杜甫有名的〈春夜喜雨〉詩句：「好雨知時節，當春乃發生。隨風潛入夜，潤物細無聲。」這是上蒼的胸懷，為人做了奉獻而不揚聲。潤物無聲的貢獻又最能體現在涼茶的生涯中。我哋涼茶係正嘢，説的也真夠謙卑了。希望本書裏面的每一篇文章，像涼茶一樣溫潤，鼓勵着我們香港人繼續向前。